Otto Ludwig

Der poetische Realist

von

Armin Gebhardt

Tectum Verlag
Marburg 2002

Die Deutsche Bibliothek - CIP-Einheitsaufnahme

Gebhardt, Armin:
Otto Ludwig.
Der poetische Realist.
/ von Armin Gebhardt
- Marburg : Tectum Verlag, 2002
ISBN 978-3-8288-8427-4

© Tectum Verlag

Tectum Verlag
Marburg 2002

Inhaltsverzeichnis

I Einleitendes	*5*
II Biographisches	*11*
III Erzählungen	*17*
1. Frühere Erzählungen	17
1.1. Das Hausgesinde (1840)	18
1.2. Die Emanzipation der Domestiken (1841)	19
1.3. Die wahrhafte Geschichte von den drei Wünschen (1842/43)	20
1.4. Die Buschnovelle (1844)	21
1.5. Das Märchen vom toten Kind (1846)	22
2. Maria (1843)	24
3. Die Heiteretei (1854)	28
4. Aus dem Regen in die Traufe (1854)	37
5. Zwischen Himmel und Erde (1855)	43
IV. Dramen	*57*
1. Frühe Dramen	57
1.1. Hanns Frei (1843)	57
1.2. Die Torgauer Heide (1844)	61
1.3. Die Waldburg (1845)	62
1.4. Die Rechte des Herzens (1845)	65
1.5. Die Pfarrrose (1848)	67
2. Cardillac – Das Fräulein von Scuderi (1846/47)	72
3. Der Erbförster (1849)	79
4. Die Makkabäer (1852)	94
5. Agnes Bernauer, Fragment (1859)	105
V. Dramatische Studien	*113*

I Einleitendes

Der Realismus, dem das dichterische Werk Otto Ludwigs zuzuordnen ist, stellt einen Orientierungsbegriff für Wissenschaftler und Studierende, für Bibliothekare und „laienhafte" Leser, für Lektoren, Dramaturgen und Rezensenten gleichermaßen dar; insoweit ist er auch notwendig. Ein stilistisches Prinzip, dem absolute Allgemeingültigkeit zuzugestehen wäre, ist er nicht.

Ebenso wie sich die im Jenaer Symposion von 1799/1800 vereinten Geburtshelfer der Romantik (die Brüder Schlegel, Tieck, Novalis, Brentano) als Oppositionelle gegen den damals vorherrschenden poetischen Klassizismus vor allem Weimarer Prägung werteten, sahen sich Dichter, namentlich Erzähler etwa seit 1840, aber auch schon davor, in einer Gegenbewegung gegen die sich immer diffuser auffächernde Romantik, der sie nicht mehr zugestehen wollten, den Menschen die volle Lebenswirklichkeit glaubwürdig zu vermitteln.

Der seinerzeit Bestseller fabrizierende Jean Paul hatte bereits seinen Weg ins Vergessenwerden angetreten. Die Serapionsbrüder E.T.A. Hoffmanns verursachten längst nicht mehr ihr einstiges Furore auf dem Lesermarkt, Eichendorff wurde bei aller Sympathie für seinen „Taugenichts" nur noch am Rande wahrgenommen, Novalis und Brentano schienen inzwischen wie abgehakt, und der ältere Tieck hatte in seiner Dresdner Novellistik längst über den zunächst angepeilten Punkt, in welchem sich Romantik, Biedermeier und Realismus treffen sollten, hinaus sich das literarische Terrain erobert, in welchem er nur noch reine Wirklichkeit reflektierte.

Spätestens seit den Freiheitskriegen hatte trotz Restaurationsepoche das Bürgertum die geistige Führerschaft im deutschen Volke übernommen. Märchen außer den für Kinder bekömmlichen waren nicht mehr gefragt. Noch weniger jene Traumphantasien, ekstatischen Visionen, die Flucht in illusionäre Bereiche. Pralle Gegenwart, unmittelbare Gegenständlichkeit, bequeme Verständlichkeit, das war es, was ein bürgerliches, zumal kleinbürgerliches Lesepublikum sich wünschte. Jenes möglichst unkomplizierte Hier und Heute, in dem es sich wiederfinden konnte.

Unter Berücksichtigung der kurzlebigen literarischen Bewegung des Jungen Deutschland dominierte der „Realismus" etwa ein Halbjahrhundert hindurch zwischen 1840 und etwas davor und 1890, bis er vom gnadenlosen Realitätsdiktat des Naturalismus abgelöst wurde. Otto Ludwig war beileibe nicht der erste unter den Realisten des 19. Jahrhundert. Als er seine novellistische Meistertriade um 1855 dichtete, waren ihm schon viele andere, untereinander durchaus unterschiedliche Erzähler vorangegangen. Man erinnere sich beispielsweise Hauffs *Wirtshaus im Spessart* (1828), Mörikes *Maler Nolten* (1832), Gotthelfs *Uli der Knecht* (1841), Droste–Hülshoffs *Judenbuche* (1842), Stifters *Hochwald, Bergkristall, Granit* (1842 ff.), Alexis' *Hosen des Herrn von Bredow* (1846), Gutzkows *Ritter vom Geiste* (1850/51). Gleichzeitig mit Ludwigs bedeutenden Novellen dichtete Freytag sein *Soll und Haben*, Keller seinen *Grünen Heinrich* sowie *Die Leute von Seldwyla*, Auerbach sein *Barfüßele*. Erst danach erschienen die Meisterwerke von Wilhelm Raabe und Theodor Storm, noch später die von Theodor Fontane.

Eine derartige Autorendichte blieb dem dramatischen Bühnensektor im gleichen Zeitraum versagt. Sehr auffällig, dass auf demselben zwischen Kleist und Ibsens Gesellschaftsdramen sich so gut wie nichts getan hat, nimmt man Friedrich Hebbel und Ludwig Anzengruber aus. Da erwies sich dann eben doch die Uraufführung von Otto Ludwigs *Erbförster* 1850 im Dresdner Hoftheater als ein weithin wirkendes, theatergeschichtlich sogar singuläres Ereignis. Das es mit einem radikal veränderten Schluss auch heute noch wäre.

Nun gilt Ludwig obendrein als Repräsentant des sogenannten „Poetischen Realismus". Auch dieser Begriff stellt kein absolutes Stilprinzip dar. Mit ihm bezog der Dichter bewusste Opposition gegen das bereits erwähnte „Junge Deutschland (Gutzkow, Börne, Heine, Laube, Mundt). Denn dieses unterscheidet sich von sämtlichen vorangegangenen literarischen Strömungen: Dichtung wird vom Tagesjournalismus verdrängt. Erstrebenswert ist nicht das Kunstwerk als solches, sondern die logistische Vorbereitung der politischen Aktion in Nachahmung der französischen Revolution von 1830. Nur das momentan Aktuelle verdient schriftstellerische Behandlung. Anbetung des „Zeitgeistes". Hier offenbart sich ein verqueres Wirklichkeitsbewusstsein und eine fast schon pathologische Tendenzverfolgung, wenn solche Tageszeitungskünstler – unklar genug – zum Einsturz des Bestehenden aufrufen. Dabei wissen jene Aktualisierungspublizisten nur verschwommen, wohin die Reise überhaupt gehen soll.

Wenn Gutzkow die Parole ausgibt: „Wir kämpfen um die Wege zum Ziel, kennen das Ziel selbst nicht", so nimmt es nicht wunder, wenn auch die letzten der wenigen Intellektuellen, die noch mit dem Jungen Deutschland sympathisierten, dasselbe schließlich total ablehnen. Das lesende Durchschnittsbürgertum in jenem Jahrzehnt 1830–1840 hatte von jenen Wildgewordenen, die am Ende als gefährliche Demagogen abgestempelt wurden, von vornherein so gut wie überhaupt nicht Notiz genommen. Nach dem Zusammenbruch der Jungdeutschen hat ihnen dann die Literaturgeschichte lediglich die Funktion eines Durchgangsstadiums zum Realismus hin zugewiesen.

Solche Erfahrungen erklären Otto Ludwigs zunehmendes Bestreben, die volle Wirklichkeit in den und um die Menschen noch wahrheitsorientierter als ohnehin schon, noch poetischer zu erfassen. Im Verlauf einer literarischen Werkschöpfung lehnt er ebenso wie seine dichterischen Mitstreiter eine bloße Nachahmung der Natur im Sinne des Aristoteles ab. Denn einmal ändert sich jene Wirklichkeit ständig; das zu Erschaffende soll jedoch eine eingegrenzte Zeitphase überstehen. Zum anderen wird es von jedem Leser – im Theaterraum von jedem Zuschauer – unterschiedlich aufgenommen. Und nicht zuletzt ist es nicht des Dichters Sache, seiner sogar unwürdig, als erzählender Photoapparat zu fungieren. Schließlich können auch mehrere Dichter ein und dieselbe objektive Sache ganz unterschiedlich ins Visier nehmen und dennoch allesamt zu einer wahrheitsgemäßen Aussage gelangen.

Wie verhalten sich Wirklichkeit und deren poetische Spiegelung zueinander? Nicht die ihm ins Blickfeld tretende Wirklichkeit sollte der Dichter kopieren, vielmehr sollte er sie neu schaffen. Und dennoch so, dass beide Wirklichkeiten miteinander identisch sind. Denn es geht ja nicht nur um die bloße objektive Existenz einer bestimmten Sache, nicht nur um Fakten oder Faktenketten. Auch hereinholen muss der Dichter deren Voraussetzungen, deren Genese, deren Beziehungsgeflechte und Begleitumstände, deren Folgen und Auswirkungen, nicht zuletzt auch deren Hintergrund. Das, was einem Leser zumeist verschlossen bleibt, das muss der Dichter zu verdeutlichen, aufzuhellen, notfalls zu entschlüsseln und zu enträtseln versuchen. Das überschreitet gewiss die Grenze des bloß Nachschöpferischen; gegenüber der von ihm ins Auge gefassten Wirklichkeit wird der Dichter zum originären Schöpfer. Und zwar auch dann, wenn seine Gestaltung vordergründig als eingegrenzte Widerspiegelei erscheinen mag. Otto Ludwig, dem es in besonderem Maße verliehen war, die

Fülle der Details subtil zu erfassen, sah sich gleichwohl bei jedem entsprechenden Sujet als Totalitätsvermittler. Am Ende muss die Distanz zwischen objektivem Befund und dessen subjektiver Akzeptanz so weit schwinden, dass – wie es gelegentlich Fontane formulierte - kein Gefühl des Unterschiedes zwischen durchstandenem und erdichtetem Leben, dargestellter und unmittelbar erfahrender Wirklichkeit mehr aufkomme.

In diesem Sinne bedeutet Poetischer Realismus keineswegs die Verdrängung von unliebsamen, unsympathischen, abstoßenden, ja, ekelerregenden Vorgängen oder Zuständen. Keine Manipulation an realen Vorgaben, nur um dem Leser eine angenehme Stimmungslage zu gewährleisten! Keine Abmilderungs– oder Beschönigungseffekte auf Kosten der Wahrheit! Andererseits aber auch nicht die Lizenz für Nachfahren der Jungdeutschen, eine wirklichkeitsgerechte Darstellung mittels Einschleusung weltanschaulicher Ideologien zu zersetzen, glatt zu verfälschen. Oder dann gar noch in ihr staats–, wirtschafts– oder kulturpolitische Propaganda zu betreiben. Nach Otto Ludwigs Tod hat es auch gegenüber seinem Erzählwerk nicht an versuchen gefehlt, die von ihm vorgeführten Menschen alle als durchweg reaktionäre, provinzielle Spießbürger zu disqualifizieren. Doch im allgemeinen ist es den Exponenten der deutschen realistischen Literaturepoche wenigstens bis etwa 1880 gelungen, Dichtung um ihrer selbst willen und damit namentlich vor Einbrüchen sozialer Problemfanatiker zu bewahren. Allerdings war einem Otto Ludwig auch während seiner letzten Lebensjahrzehnte noch das Glück beschieden, dass sein Wohnsitz von industriellen Veränderungen und Zwängen weitgehend verschont blieb.

Der dann erst später um 1890 so recht füllig aufdringende Naturalismus fühlte sich dem vorangegangenen Realismus zwar in der getreuen Erfassung der Wirklichkeit, der unbestechlichen Schilderungskunst und auch in der präzisen Wiedergabe des jeweiligen Lokalkolorits innerlich verbunden. Doch inzwischen hatte während der Zweithälfte des 19. Jahrhunderts ein ungeheurer industriell–technischer Aufschwung, begleitet von naturwissenschaftlichen Forschungserkenntnissen und Entdeckungen die deutschen Lande erfasst. Sich ständig ausweitende Industriezonen entstanden. Fabrikarbeitermassen erzwangen den Bau von Wohnkasernen mit ihren lichtarmen Hinterhöfen. Die Proletarier in ihren Elendsquartieren erweckten nicht nur allgemein ein intensives soziales Mitgefühl, sondern bewegten mehr und mehr auch Literaten, dichtende Gestalter. Doch diese Welt und Umwelt war dann längst nicht mehr die des poetischen Realisten Otto Ludwig.

Mag auch das meiste von ihm Niedergeschriebene schon längst der Vergänglichkeit anheim gefallen sein, als Dichter der Novellen *Die Heiteretei, Aus dem Regen in die Traufe, Zwischen Himmel und Erde*, des Dramas *Der Erbförster* mit modifiziertem Schluss und seiner namentlich Shakespeare gewidmeten *Dramatischen Studien* wird er unvergessen und unvergänglich bleiben.

II Biographisches

Otto Ludwig wurde am 12. Februar 1813 im westthüringischen Städtchen Eisfeld geboren, das bis 1826 zum Herzogtum Hildburghausen, danach zum Herzogtum Sachsen–Meiningen gehörte. Der Vater war beruflich als Stadtsyndikus und Hofadvokat tätig, ein „bis zur Schroffheit ehrlicher, bis zum Eigensinn fester Mann". Die Mutter, „eine Frau voll Liebe und Güte, von leicht erregbarem Enthusiasmus für alles Schöne und Gute", entstammte einer wohlhabenden Kaufmannsfamilie. Infolge eines flächendeckenden Stadtbrandes in Eisfeld schwand der Wohlstand der Eltern dahin. Im Jahre 1825 starb der Vater. Die Mutter zog mit dem Sohn, der seit 1824 die Eisfelder Stadtschule besuchte, zu ihrem Bruder Christian Otto. Für kaum ein Jahr bezog der Sohn 1828 das Hildburghausener Gymnasium, 1832 ein Saalfelder Lyzeum; in beiden Fällen trieb ihn sein Desinteresse an wissenschaftlichen Disziplinen nach Eisfeld in des Onkels Haus zurück, dem er mitunter in dessen Geschäft half. Der verträumte und tief grüblerisch veranlagte junge Mann las sich in die Literatur der deutschen Romantiker ein. Erste Gedichte entstanden, ganz im Volkston wie etwa *Des Knaben Lied*:

Freundliche Stille,
Sanfte Ruh
Schließen das müde
Auge mir zu

Oder Frühlingstrunkenheit:

Ich geh umher in Träumen,
Ich weiß nicht, wie mir ist
oder Wiegenlied:
Schlummre lind,
Mein süßes Kind.

Doch mehr und mehr fühlte er sich zur Musik hingezogen. Die 1831 verstorbene Mutter hatte ihm ein bescheidenes Vermögen hinterlassen. Und so betrieb er spätestens seit 1834 anhand alter Lehrbücher ein Musikstudium auf eigene Faust. Mit Gleichgesinnten gründete er 1836 in seinem Heimatstädtchen sogar ein Liebhabertheater. Und da er sich inzwischen für eigene kompositorische Aussagen befähigt hielt, kamen auf demselben mit Hilfe eines Dilettantenorchesters auch eigene Opernsingspiele zur Aufführung wie *Die Geschwister* (1836) und *Die Köhlerin* (1838). Die Kunde jener stark applaudierten Produktionen erreichte auch den Meininger Hof. Und der Herzog gewährte Otto Ludwig ein Stipendium auf drei Jahre von je 300 Gulden, um in Leipzig bei Felix Mendelssohn–Bartholdy, der damals anerkanntesten musikalischen Autorität, seine kompositorischen Fähigkeiten zu vervollkommen.

Im Jahre 1839 betrat der mittlerweile 26–jährige erstmals Leipziger Boden. „Er war der geborene Autodidakt. – Keiner hat so aus Eigenem zu leben gesucht in einer beständigen Inzucht der Gedanken und Träume". Freilich: Mendelssohn erkannte sehr schnell die Mängel und Lücken in Ludwigs Selbstlernerei und riet ihm dringend, sich in der Provinz erst einmal einer gründlichen seriösen Musikausbildung zu unterziehen, bevor er einen Leipziger Abschluss anpeilte. Im Mai 1840 suchten den jungen Mann erstmals rheumatische Anfälle heim. Und bald erkennt er. „Mir genügt das Vage der Musik nicht mehr. Gestalten muß ich haben." Vom Musizieren drängt es ihn weg zur Dichtung. Die soll ihn auch finanziell absichern: „Durch Schriftstellerei wäre schon so viel zu verdienen, dass man sich einer sorglosen Existenz freuen könnte." Ende Oktober 1840 kehrt er aus Leipzig in seine Heimat zurück.

In Eisfeld entdeckt er in sich noch nachdrücklicher den Hang zum schöpferischen Schriftsteller. Die Erzählungen *Das Hausgesinde* und *Die Emanzipation der Domestiken* entstehen. Dramatische Entwürfe bedrängen ihn. Erstmals auch ein Sujet, das ihn lebenslang nicht mehr loslassen wird: Agnes Bernauer. Intensiv beschäftigt er sich mit Shakespeares Dramen und mit Lessings Hamburgischer Dramaturgie. Der großzügige Meininger Herzog prolongiert sein Stipendium bis Oktober 1843, damit er einschlägige Studien fortsetzen könne.

Nachdem Otto Ludwig 1842 abermals Leipziger Boden betreten hat, nimmt er trotz grundsätzlicher Ablehnung des Jungen Deutschland Kontakt auf zu dem Zeitschriftenredakteur Heinrich Laube und Jahre später zum Theaterdramaturgen Karl Gutzkow. Sogar den alten Ludwig Tieck in Potsdam ersucht er um Editionshilfe. Weitere Erzählungen entstehen. Seine Novelle Maria (1842) lässt sich bereits als bedeutsamer Wurf werten. Theaterstoffe bieten sich zur konkreten Gestaltung an. Ein leichtgewichtiges Lustspiel *Hanns Frei* in

Versform vermag er sogar abzuschließen. Unmittelbare Förderung erhofft er sich seitens einer Verwandten seiner Mutter, der am Dresdner Hoftheater engagierten berühmten Schauspielerin Karoline Bauer. Die Dame protegiert ihn zwar nicht, ermöglicht ihm jedoch den Kontakt zum Chefregisseur des Hauses, dem namhaften Eduard Devrient. Dieser sollte sich, seitdem Otto Ludwig in der Zweithälfte 1843 Dresden erstmals besuchte, für zwei Jahrzehnte als dessen umsichtiger Ratgeber und Förderer bewähren.

Auf dem Boden der sächsischen Residenz erwacht in dem Zureisenden nicht nur die Begeisterung für die musikalischen und schauspielerischen Spitzenleistungen auf dem Hoftheater, sondern auch für die weltberühmten Kunstsammlungen, die herrliche barocke Architektur der Innenstadt und erst recht auch für die erlesenen landschaftlichen Reize von Dresdens Umgebung. Da ihm nach dem Tode des Eisfelder Onkels nochmals eine Erbschaft zufällt, entschließt sich Otto Ludwig, die nächsten Jahre seiner musischen Entwicklung und Produktion in der Nähe Meissens zu verbringen. Dort logiert er sich in der Niedergarsebacher Schleifmühle ein. Im nahen Triebischtalgrund begegnet er erstmals seiner späteren Frau. Die Jahre der aufblühenden Liebe zwischen ihm und der Meissener Bürgerstochter Emilie Winkler erbringen als dichterischen Ertrag nicht nur die *Buschnovelle*, sondern auch die sogenannten *Buschlieder*. Höhepunkte seiner ansonsten eher unbedeutenden Lyrik. Beispielsweise in den am 26. Mai 1844 unter den schönen Linden von Scharfenberg gedichteten Versen:

„Blauer Himmel, kühne Felsenhänge,
Durch das milde Grün Poetengänge,
Und ein kühles Flüsschen drum gewunden,
ja, ein traulich Bild hab ich's gefunden."

In der Schlussstrophe von *Du und Ich:*
„Und käm die Nacht gezogen,
Wir schauten Brust an Brust
Zum blauen Himmelsbogen
Und seiner Sterne Lust.
Und – süß dahingerissen
Die Sterne senkten sich
Herab auf unsere Kissen, –
Die Nacht sollt' es nicht wissen."

Unter gleichen Vorzeichen etwa *Es windet zwischen Hügeln, Des Mädchens Lied, Es steht in stiller, dunkler Nacht, Langer Sommerregen, Durch den Grund*. Ludwig hat seine Gedichte zwar gesammelt, doch nie publiziert. Seine beiden, in Meissens Nähe abgeschlossenen Trauerspiele *Die Rechte des Herzens* und *Die Pfarrrose* bietet er dem Dresdner Hoftheater vergeblich an. Die Revolutionen von 1848 begrüßt er zunächst in politischen Gedichten, etwa in *Oh Deutschland, Deutschland, Vaterland!*

Wer hat Dir Deine Ehr' entwandt?

Im *Völkerfrühling:*
Der schönste Frühling kommt ins Land
Freiheit, Freiheit ist er genannt

Oder in *1848:*
Wie bist Du doch verachtet, Mein deutsches Vaterland!
Daß mir die Seele schmachtet,
Mein Herz mir ist entbrannt."

Als er dann freilich jene egoistischen Revolutionäre, die ihm alles andere als Idealtypen erscheinen, bei ihren konkreten Aktionen beobachtet, wendet er sich enttäuscht von ihnen ab.

Das Jahr 1850 verändert sein Leben entscheidend zum Positiven hin: Seine Waldtragödie *Der Erbförster* wird nicht nur seitens der Intendanz des Hoftheaters angenommen, sondern erlebt auch eine stürmisch umjubelte Uraufführung auf dessen Brettern. Der Erfolg setzt sich auf vielen anderen deutschen Bühnen fort. Über Nacht avanciert Ludwig zum anerkannten Bühnendramatiker. Daran vermag auch die weit schwächere Resonanz auf sein letztes abgeschlossenes Stück, die 1852 im Wiener Burgtheater uraufgeführte Tragödie *Die Makkabäer* nichts zu ändern.

Jene Wende zieht den Dichter vom idyllischen Triebischtal endgültig nach Dresden, wo er anfangs längere Zeit vom September 1849 bis zum Juni 1852 im Trompeterschlösschen am ehemaligen Festungsring residiert. Die Sommermonate bringt er meistens im reizvollen Umland zu: 1851 in Übigau, 1852, seinem Hochzeitsjahr, in Strehlen, 1853 und 1854, wahrscheinlich auch in den Folgejahren, in Loschwitz. Dort an den sonnigen Elbhängen vermittelt ihm sein neuer Freund und späterer Nachlassordner und Erstbiograf Moritz Heydrich die Bekanntschaft des berühmten Malers und Holzschnittrealisten Ludwig Richter, der dort ebenfalls in jedem Sommer Anregungen zu seinem zeichnerischen Meisterwerk sucht. Oft werden Richter und Ludwig wie zwei Wahlverwandte durch die Weinberge gewandert sein. Dort dürfte der Dichter zeitweise im heutigen Haus Krügerstraße 13 auf der Hochfläche „Schöne Aussicht" die warme Jahreszeit zugebracht haben. Im Winter trifft sich der eher in sich Gekehrte mit anderen Dresdner Zelebritäten in der exquisiten „Montagsgesellschaft" im Zwingerschlösschen, die bis zur Mairevolution 1849 immerhin einen Gottfried Semper und einen Richard Wagner, bis zum August 1850 dazu einen Robert Schumann in ihrer Tischrunde gesehen hatte. Aber der namhafte Bildhauer Ernst Rietschel und die Malerprofessoren Bendemann und Hübner sind noch zur Stelle, gelegentlich wohl auch Gutzkow und eben Ludwig Richter. Einer Anregung seines Freundes Berthold Auerbach nachkommend, auch um Geld für seine wachsende Familie (zwei Buben, Tochter Cordelia) hereinzubekommen, letztendlich aber doch wohl mehr aus einer momentane Laune heraus, schreibt Otto Ludwig 1854/55 fast in einem Zug seine drei Meisternovellen *Die Heiteretei, Aus dem Regen in die Traufe, Zwischen Himmel und Erde* nieder, die unerwartet seinen Dichterruhm schnell ins In– und Ausland tragen.

Im letzten Lebensjahrzehnt stigmatisiert den zunehmend menschenscheuen Otto Ludwig seelische Düsternis, die in starrsinnige Schroffheit ausarten konnte, und sein progredientes – zeitweise als unerträglich empfundenes – Rheumaleiden gleichermaßen. Eine Fülle von dramatischen Stoffen drängt sich ihm auf, doch er findet nicht mehr die Kraft und wohl auch nicht den zielstrebigen Willen, eines jener Projekte zu realisieren. So vergräbt er sich mehr und mehr in seine theoretisierenden Shakespeare–Studien. Den siechtumsbedingt zuletzt fast Bewegungsunfähigen unterstützt – vor allem auf Betreiben von Karl Gutzkow – der Verwaltungsrat der Deutschen Schillerstiftung finanziell; aus deren Zentralkasse erhält er für die Jahre 1859 bis 1864 immerhin 2000 Taler; seine Witwe später eine Jahrespension von 500 Talern. In Dresdens Innenstadt wohnt er zuletzt in der Pillnitzer Straße, der ehemaligen Äußeren Rampischen Gasse, in der 1807/08 fast zwei Menschenalter zuvor auch schon Heinrich von Kleist seine Herberge gefunden hatte, ganz in der Nähe von Ludwig Richters Winterquartier Johannisgasse 3. Unmittelbar vor seinem Tod am 25. Februar 1865 – so erzählt der mit ihm befreundete Schauspieler Josef Lewinsky –

„herzte er noch mit rührender Zärtlichkeit seine kleine Cordelia, die an seinem Lager stand."

Des Dichters Vermächtnis schließt mit den Worten: „Tod! Sei mir willkommen!"

Bestattet wurde er auf Dresdens Trinitatisfriedhof, auf dem auch der Maler Caspar David Friedrich, der Bildhauer Ernst Rietschel und die hochdramatische Hofkammersängerin und Heroinendarstellerin Wilhelmine Schröder-Devrient ihre letzte Ruhe fanden.

III Erzählungen

1. Frühere Erzählungen

Spätestens im Jahre 1840 erkannte der bis dahin dilettantisch komponierende Otto Ludwig nach Begegnungen mit Felix Mendelssohn–Bartholdy in Leipzig, dass er nicht zum professionellen Musiker befähigt ist. Auf dramatischem wie epischem Gebiet hoffte er, alsbald schöpferischen Dichterruhm ernten zu können. Das Jahrzehnt bis hin zur Jahrhundertmitte ist denn auch mit fast ununterbrochenen literarischen Versuchen angefüllt, die bestenfalls in einigen gelungenen Personencharakteristika den späteren Autor des *Erbförsters* (1850) und seiner novellistischen *Meistertriade* (1854/55) erahnen lassen.

In einigen – heute längst vergessenen – Kurzerzählungen gelang ihm sogar die formale Abrundung. Notwendige Bemühungen vor allem im Stilistischen; innere Sicherheit in der Stoffverarbeitung und –gestaltung zu gewinnen. Um dann freilich erst viele Jahre später zum erzählerisch Dauerwertigen vorzustoßen.

Die Niederschriften dieser Versuche fallen in des Dichters letzte Eisfelder Zeit, in seinen zweiten Leipziger Aufenthalt 1842/43 und schließlich in jene glücklichen Jahre, als er inmitten des Meissener Triebischtales in der Niedergarsbacher Schleifmühle bis etwa 1846 wohnte.

Vorbild dabei war ihm weithin Ludwig Tiecks Dresdner Novellistik (1820–1840), die aus jenes Dichters ursprünglich romantischer Märchenherkunft bereits in den Realismus hinüberleitete. Doch wohl mehr noch die Serapiosbrüder-Erzählungen des „Gespensterhoffmanns". Die Gruseleinlagen und humoristischen grellen Blitze in dessen zwischen Märchen und Realismen pendelndem Wunderwerk beeindruckten den jungen Ludwig, obschon E.T.A. Hoffmann bereits 1822 abgeschieden. Vor ihm lag nun freilich ein längerer Weg, bevor er nach romantisierenden Rückfällen im „Poetischen Realismus" endlich heimisch wurde.

1.1. Das Hausgesinde

Diese Erzählung fertigte der junge Schriftsteller im Januar 1840: „Leicht genug hab ich mir's gemacht, vielleicht drei Tage oder vier daran gearbeitet." Eine Sache, die „ich wirklich des Lohnes wegen geschrieben." Förderlich war ihm dabei ein eigener Lustspielentwurf *Das Hofgesinde* vom Vorjahr.

Inhalt:

Andres, tüchtiger, aber mittelloser Gartenknecht bei der gräflichen Herrschaft, kann die von ihm geliebte Müllerstochter Rose nicht heiraten, weil ihm dazu das nötige Geld fehlt. Hausmeister, Haushälterin und Kammerdiener schwärzen ihn bei der Herrschaft an, weil der Grundehrliche „manch schlechtes Ansinnen seiner Mitbedienten zur Übervorteilung der Herrschaft grob abgewiesen." Jener „geschniegelte" Kammerdiener hält beim Müller um Roses Hand an. Außerdem stellt ihr der Graf selbst nach. Das alles erfährt Andres von Rose, die ihn wiederliebt. Als die Gräfin erfährt, dass ihr Gatte den Kammerdiener mit einer Schmuckkassette zu Rose schicken will, möchte sie Andres dadurch helfen, dass sie eine nächtliche Prozession in den Schlossgarten anordnet, in deren Verlauf sie den um Roses Gunst werbenden Grafen kompromittieren will. Bevor das Grafenpaar erscheint, kommt es im Schlossgarten zu einem obskuren Zusammentreffen des Andres mit anderen Bediensteten, wobei auch „ein altes Männlein mit verschrumpftem Fasangesichte" auftaucht. Mehrfache Balgerei um jene Schmuckkassette. In der Dunkelheit verwechselt Andres seine Rose mit der Haushälterin. Er stürzt über andere Schmuckschachteln. Da in der Kassette statt des Schmuckes eine gepuderte Perücke liegt, vermag die Gräfin den Grafen nicht der Untreue zu überführen und „weinte vor Wut". Vergebliche Versuche, „einen Zusammenhang in die wirren Begebnisse dieses Abends zu bringen". Beweisstücke führen jedenfalls den Grafen schließlich zu der Erkenntnis: „Andres, ich habe Dich verkannt; der Hausmeister, die Haushälterin und der Kammerdiener hatten Dich bei mir verleumdet." Dieses „Schurkenkleeblatt" verjagt der Graf am nächsten Morgen von seinem Anwesen, ernennt Andres zum Hofgärtner und drückt ihm eine solche Belohnung in die Hand, dass dieser seine Rose heimführen kann.

৩৯৩৯৩৯৩৯

Jene nächtlichen „wirren Begebnisse" im Schlosspark sind viel zu unübersichtlich dargestellt, als dass sich ein probater Geschehensablauf wie etwa im IV. Akt von Mozarts *Figaros Hochzeit* einstellen könnte. Die Handlungsweisen der Beteiligten sind teilweise unzureichend motiviert.

Diese „Laune" erschien in Fortsetzungsfolge noch im gleichen Jahr in der Zeitschrift *Komet*.

1.2. Die Emanzipation der Domestiken

Im Folgejahr 1841 galt für den geldknappen Otto Ludwig immer noch die Devise: „Eine Novelle zu schreiben und damit zu probieren, vom Erlös zuerst Kleider und Bücher, dann das Theater zu bestreiten." Bereits am 26. April 1840 hatte er in sein Tagebuch eingetragen: „Aus der Emanzipation der Dienstboten pp. Vielleicht eine Parodie der Tendenznovelle zu machen." Niedergeschrieben wurde die Erzählung im letzten Quartal 1841.

Auch diese Erzählung spielt auf einem Schlossanwesen. Dem der verwitweten Gräfin Erlenbach. Die sich eines Abends inmitten einer von Räubern verunsicherten Gegend um die heile Rückkehr ihrer Tochter Florentine sorgt. Die trifft in ihrer Chaise schließlich mit einem verwundeten, in Ohnmacht gefallenen jungen Mann ein, der sie vor dem Zugriff von drei Räubern bewahrt habe, dabei von denselben jedoch angeschossen worden sei. Florentine pflegt den Verletzten mit Hingabe; zwischen beiden erwacht nach und nach die Liebe. Das macht sich deshalb um so amüsanter, als beider Väter, der alte Baron Rudenz und der Graf Erlenbach, ihre Kinder testamentarisch zur Heirat verdonnert hatten. Wer sich derselben widersetze wie der Jungbaron Rudolf, ein eingefleischter Junggeselle, „solle den bedeutendsten Teil seines Erbes dem anderen abtreten." –

Der Gräfin Haushofmeister Xaver Lindenblatt ist ein Unikum: streng gegenüber der gräflichen Dienerschaft, die aus Jäger, Kammerdiener, Kutscher, Koch, Mamsell, Haushälterin und Küchenjungen besteht, plädiert er nach eigenen, sich zurechtgelegten Aufklärungsgrundsätzen für eine „Emanzipation der Domestiken", die sich dann aber auf paradoxe Weise realisiert. Als sich auch der gefürchtete Räuberhauptmann als ein falscher Polizeidirektor aus der Stadt im Schlosse einnistet, den Schlossinsassen befiehlt, unverzüglich eines drohenden Überfalles der Räuber wegen das Schloss zu verlassen, in Wirklichkeit aber, um dasselbe auszurauben und obendrein Florentine zu entführen, lässt der clevere Haushofmeister von seinen Leuten alle wichtigen Zugänge besetzen und bestückt sie mit alten Waffen. Danach trifft der richtige Polizeidirektor mit seinen

Leuten aus der Stadt ein und lässt die Räuber verhaften. So wird dann der Haushofmeister nicht nur als Retter, sondern auch als „Erfinder der Emanzipation der Dienstboten" gefeiert.

※※※※※※※

Die Sache lässt schmunzeln, auch wenn sie jeder Erfahrung widerstreitet. Otto Ludwigs Personencharakterisierungskunst schreitet fort. In zwei Fortsetzungsfolgen ließ Heinrich Laube die Erzählung 1843 in der von ihm redigierten *Zeitung für die elegante Welt* abdrucken.

1.3. Die wahrhafte Geschichte von den drei Wünschen

Dieses mehr als nur eigenartige, den Leser befremdende „Märchen" verfasste Ludwig während seines zweiten Leipziger Aufenthaltes 1842/43. Mehr denn je zuvor oder danach sollte wohl hier E.T.A. Hoffmanns Satirik und gelegentliche Verschrobenheit Gevatter stehen. Etwa zwischen Oktober 1842 und Februar 1843 an Ort und Stelle verfasst, nimmt die Erzählung Leipziger Bürger und Bürgerinnen ins Visier. Deren teilweise scharfe Kennzeichnung dürfte noch das Positivste sein, was sich ihr zugestehen lässt. Vor allem die vom Buchhändler und Kaufmann, von Frau Müller und Madame Flötenspiel. In der Leipziger Fleischergasse sucht der Erzähler den Schuster Christlob Fintlein in dessen ärmlicher Behausung auf. Vor deren Betreten rauscht an ihm eine engelsgleich schöne Dame vorbei, über die der Erzähler bei den Eheleuten Fintlein Erkundigungen einzieht, und die er dann auf Leipzigs Straßen sucht. Danach diffundiert die oft genug in Schachtelsätze verpackte Handlung, in der dann auch jene drei „Wunsch"–Helden auftauchen. Doch entwickelt sie sich derart unübersichtlich und obendrein für die meisten Leser ungenießbar, dass sich auf eine Inhaltsangabe verzichten lässt.

Mit Recht haben deshalb alle Leipziger Verleger, sogar der dem Autor wohlwollen gesonnene Heinrich Laube, eine Veröffentlichung des Elaborates abgelehnt. Und nicht nur deshalb, weil sie hätten befürchten müssen, in den Handlungspersonen Leipziger Zeitgenossen oder gar sich selbst karikiert wiederzuerkennen. So erschien denn jene „wahrhaftige Geschichte" erst gegen das Jahrhundertende 1891.

1.4. Die Buschnovelle

„Wenn man von der Stadt Meissen aus der Triebisch durch ihr wunderschönes Tal entgegengeht, erstaunt man über die Menge von Mühlen, die das muntere Bergwasser in Bewegung setzen muß. Von Meissen bis zu dem Buschbade, dem Vergnügungsorte der feinen Meissener Welt, zählt man nicht weniger als sechs."

Mit diesen Worten beginnt die Erzählung, deren topographische Beschreibung der Autor in einem an Freund Ambrunn gerichteten Brief vom 19.6.1844 so ergänzt: „Ich schreibe Dir aus einem der lieblichsten Winkelchen Erde. Links von mir nur prächtige Felsen, rechts die kühle Triebisch, darüber Berge mit grünem Busch bewachsen. Um meine Residenz in einer Schleifmühle ungeheure herabgerollte Felsblöcke. Und in welcher Richtung auch ich den Triebischgrund durchziehen mag, so wird's immer schöner. Meine Werkstatt schlag ich bald hier, bald da auf. Die Mappe auf meinen Knieen ist mein Tisch. Bald über der Klausmühle, dem romantischsten Punkt, den ich auf der Welt kenne."

Doch am liebsten verweilt Ludwig auf dem steilen „Götterfelsen", das ein erst vor kurzem seitens der Meissener Fürstenschüler gestiftetes Kreuz krönt. Nahe diesem Felsen traf er im Juni 1844 auf seine spätere Lebensgefährtin. Die gebürtige Emilie Winkler aus Meissen: „Im Triebischtal lernte ich Ludwig kennen, als ich mit meinem Vater spazieren ging. – Wir verlobten uns im Laufe der nächsten Monate." Das überraschende Liebesglück schlug sich sogleich in der binnen weniger Tage abgefassten *Buschnovelle* nieder. Deren Hauptfigur Pauline reflektiert die Erscheinung der Braut, deren Vater der Baron von Mehren, Leute aus dem Triebischtal Paulines dienstbare Geister.

Inhalt: Pauline, die hübsche Klausmühlenbesitzerin, wird von dem ihr unsympathischen Rebbel, einem so reichen wie vergeizten, neiderfüllten Gutsbesitzer umworben. Der will sie, die Hochverschuldete, „binnen vier Wochen aus der Mühle setzen", jedoch den alten Mühlknecht Nickel und die stumme Magd Hanne mit übernehmen. Auf dem Götterfelsen über dem Tal begegnet die verzweifelte Pauline wiederholt einem jungen Mann, der sich ihr als verzauberter Prinz vorstellt. Aus dessen Verzauberung könne sie ihn dadurch erlösen, dass sie von dem steilen Götterfelsen herabsteige, ohne sich am Gestein festzuhalten. Als sich Pauline am nächsten Abend dem Test unterzieht, gleitet sie am Felsen ab, doch „ein freundlicher Engel hielt ihr die Hand vor die schwindelnden Augen". Danach „fasst sie eine kräftige Hand". Sie verliert das Bewusstsein und wacht in einem luxuriösen Zimmer auf. Der Prinz stellt sich ihr als Graf Hohenegg vor, der keineswegs ihren Absturz wollte, sondern „nur sehen, was Du meinetwillen zu tun imstande wärest". Pauline muss sich nun mit „schwerem Seidenzeug" herausputzen und zusammen mit dem jungen Grafen den älteren Baron Mehren nach der Klausmühle geleiten. Letzterer kann der dortigen brieflichen Hinterlassenschaft von Paulines bereits verstorbener Mutter entnehmen, dass der verruchte, inzwischen verhaftete Rebbel vor 18 Jahren eine hinterhältige Untat begangen: er hat jene Mutter, die des Barons Geliebte war, in die Klausmühle abgeschoben, die er ihr käuflich erwarb. Pauline, vom Baron als sein Kind in die Arme geschlossen, wird demnächst heiraten und zur Gräfin Hohenegg avancieren.

※※※※※※

Das Buschmärchen verträgt das Märchenhafte weit besser als die vorangegangene Erzählung. Auffallende Höhen und Tiefen darf man von ihm freilich nicht erwarten. Doch es dokumentiert die glücklichste Zeitspanne des Dichters in seinem von äußerer wie innere Not überschatteten Leben. Die er bis zu seiner Übersiedlung in die Residenz zusammen mit seiner Braut im anmutigen Meissener Triebischtal auskosten durfte.

Veröffentlicht wurde die *Buschnovelle* 1846 in der *Stuttgarter Neuen Illustrierten Zeitschrift*.

1.5. Das Märchen vom toten Kind

In einem Gebirgstal finden beim Grasmähen Bauer Hans und seine Frau Else ein etwa achtjähriges totes Mädchen in weißem Kleide auf dem Wiesenboden; vermutlich ein Kind des Gutsbesitzers Steiger. Da sich der Fundort genau auf der Grenze zwischen den Dörfern Birkenhain und Birkental befindet, könne sich die Bewohner beider Orte nicht über die Tragungspflicht der anfallenden Bestattungskosten einigen. Zwei zufällig aus der Stadt angereiste Advokaten bieten für den Fall eines Gemeindestreites beiden Seiten Prozessvertretungshilfe an. Als alle Anwesenden eine Kostentragung ablehnen, übernimmt Bauer Hans die Bestattung. Durchaus nicht uneigennützig; unter dem Hemd der Leiche versteckt hat er eine goldene Kette entdeckt. Der Dorfpfarrer ist keineswegs gesonnen, gratis eine Grabrede zu halten. Schließlich heben Dorfbewohner Jakob und der

Ortsjäger ein Grab am Rande des Busches aus, legen das Kind hinein, sterben jedoch nach Vollzug der Beerdigung.

✥✥✥✥✥✥

Notfalls lassen sich hier etwas verfeinerte Personencharakterisierung und gelegentliche ironische Untertöne loben. Doch letzthin bleibt das ebenso unbeachtlich wie des Autors Anpreisung des Stückes aus dem „satirisch–humoristischen Genre". Hier fehlen nur zu deutlich Motivierung und hinreichende Sinnfindung. Ein „Märchen", das durch verzaubernde Partien für sich einnimmt? Nichts davon! Insgesamt eine von Ludwig gezogene Niete wie jene *Drei Wünsche*, nur verständlicher.

Es wurde – Frühjahr 1846 – als eine von mehreren „Episoden" in des Dichters Fragment *Aus einem alten Schulmeisterleben* aufgenommen. Dessen Reisemusikantentätigkeit ebenfalls vom Meissener Triebischtal her ihren Ausgang nehmen sollte.

Ein solcher „humoristischer" Roman – so Ludwig im März 1843 – „ist mein eigentliches Feld". Wohl auch in Erinnerung an Jean Pauls *Wuz*. Doch es blieb bei einer chaotischen Ansammlung von Notizen, Skizzen und Entwürfen. Soweit sich aus denselben der Romanbeginn rekonstruieren lässt, wollte der Autor den Werdegang eines fanatischen Aufklärers namens Klaus beschreiben, den es nach dem Besuch der Fürstenschule Meissen auf eine nur provisorische Schulmeisterstelle in Garsebach verschlagen hat. Wo er sich ob seiner ideologischen Verranntheit die Dorfbewohner zu Feinden macht. Ein Mädchen Veronika, in das er sich verknallt hat, hofft er im Haus des Freiberger Superintendenten aufzuspüren, wo er jedoch nicht fündig wird. Sein Reisebegleiter Klagus, ebenfalls Dorfschullehrer, verspielt in jener Stadt beim Billard seine gesamte Barschaft.

An dieser Romanstelle sollten nun *Das Märchen vom toten Kind* eingeschoben werden, als eine von mehreren über das Ganze verteilen Episoden.

Auf der Heimfahrt trifft Klaus in Burkhardiswalde auf den Kantor, Vater von zwei heiratsfähigen Töchtern. Die ältere Veronika will er auf der Stelle ehelichen, während sich Klagus an die jüngere Rosine heranmacht. Das Glück jener „Brautfahrt" nach Garsebach hält freilich nicht lange an. Am nächsten Morgen stehen vor der Dorfschulmeisterei die „Schwiegereltern"; Kantor und Kantorsfrau fordern ihre Tochter Veronika zurück.

Jetzt bleibt dem verarmten Klaus nichts anderes übrig, als sich – wie am Vortag im Dorfe Polenz – durch Aufspielen auf Tanzböden Geld zu verdienen. „Da ihm die Gratisschulmeisterei keine Existenzmittel gewährt, zieht er als wandernder Musikant durch die Umgebung. Dabei seinen eigentlichen Beruf verheimlichend, weil er seine nun professionelle Fidelei als entehrend wertet.

Weiteres Geschehen lässt sich dem Romanfragment nicht mehr entnehmen. Das alte Schulmeisterleben wäre mit Sicherheit kein Bestseller geworden. Treffsicheres realistisches Erfassen mancher Situationen und Aktionen lässt sich nicht leugnen. Doch wird es dann negativ aufgewogen von einer Folge von Unglaubwürdigkeiten bis ins Lächerliche hinein.

So reagierten denn die Verleger von Leipzig mit sicherem Gespür, wenn sie das ihnen vom Autor angebotene Manuskript der Episode gleichen Niveaus, des *Märchens vom toten Kind* einhellig ablehnten. Dieses wurde erst postum im Jahre 1873 veröffentlicht.

༺༻༺༻༺༻༺༻

Auch bei seinem einige Jahre später in Angriff genommenen Roman *Dämon Geld – Eine Altweibergeschichte,* der „die verschiedenen Wirkungen des Goldes auf den Menschen" transparent machen sollte, blieb es beim Expositionskapitel. Und des Dichters Hinterlassenschaft sollte sich dadurch erneut um eine Anzahl ausgreifender Entwürfe vermehren.

Nimmt man die Erzählung *Campana* des fünfzehnjährigen Hildburghausener Gymnasiasten (1828) als zeitlichen Ausgangspunkt, so bleibt festzustellen, dass Otto Ludwig fast ein Menschenalter lang sich auf novellistischem Gebiet versucht hat. Seine *Maria* ausgenommen, sind jene frühen Erzählungen heute durchweg vergessen und wohl auch keiner Erweckung wert. Doch lässt sich ihnen zumindest die Bedeutung von entwicklungsfördernden Stilübungen nicht absprechen, so dass sie zur späteren Gloriole der Leben und Schaffen abschließenden Meisternovellen sicherlich beigetragen haben.

2. Maria

Aus dem frühen Erzählwerk Otto Ludwigs ragt eine Schöpfung heraus, der sich eine dauerwertige Existenz voraussagen lässt. Die wohl auch als einzige die Aussicht auf spätere geniale novellistische Meisterschaft prognostiziert. Die stoffliche Anregung verdankte der Dichter seinem Leipziger Freunde Dr. Wetzstein. Und noch während seines zweiten Aufenthaltes in der Pleißestadt 1843 nahm die Erzählung, die weit mehr bedeutet als eine Mixtur auf Goethes *Wilhelm Meister* und Kleists *Marquise von O.*, Gestalt an.

Inhalt: Der alte Kaufmann Eisener verabschiedet seinen Sohn, der eine längere Bildungsreise nach Übersee antritt: „Deine Reise wird, wenn Du sie so, wie ich hoffe, zur näheren Bekanntschaft mit den verschiedenen Zweigen der Industrie benutzest, einen vernünftigen Menschen aus Dir machen, den wiederzusehen ich mich freuen werde." Der junge Eisener, der sich statt zum väterlichen Beruf weit mehr zur Bewunderung von Gemälden hingezogen fühlt, trifft in der Reisekutsche auf den Berufsmaler Ritter, der soeben die junge Tochter des Marklindener Pfarrers als Madonna in einem religiösen Bild verewigt hat. Deshalb erste gemeinsame Reiseunterbrechung in jenem Marklinden, wo anlässlich eines Volksfestes die Dorfbewohner im Pfarrhof „frei und lustig bei Wein oder kalter Küche" gutgelaunt schmausen. Als souverän ordnende und zugleich zupackende Wirtin fungiert die erst sechzehnjährige Pfarrerstochter Maria. Nachts wird Eisener, dem eine Schlafstatt im Pfarrhaus zugewiesen wurde, von einer Frauengestalt aufgesucht, die er in der Dunkelheit nicht zu identifizieren vermag, mit der er sich jedoch schlaftrunken und traumverloren vereinigt. Am Morgen belehrt ihn das Gesinde dahingehend, in Vollmondnächten erscheine gelegentlich eine gespenstische Weiße Frau aus der Richtung des Friedhofs und verschwände dorthin auch wieder. Wochen später klärt den jungen Eisener der Oberamtmann Breitung auf, dass seine nächtliche Besucherin keineswegs ein sagenhaftes Gespenst, sondern nur die mondsüchtige Pfarrerstochter gewesen sein könne. Dies treibt Eisener ins Pfarrhaus zurück, wo er um die Hand Mariens anhalten will. Dort jedoch führt ihn der völlig verzweifelte Pastor an das Bett seiner Tochter, die gerade verstorben sei. Der Anblick der Leiche schockt den jungen Kaufmannssohn.

Er trennt sich von seinem Kutschgefährten Ritter, der nach Italien will und reist weiter gen Westen. Inzwischen erweist sich Mariens Zustand nur als Scheintod: Sie „erwachte von dem Starrkrampf", der sie zwölf Stunden lang hatte tot erscheinen lassen. Der herbeigerufene Arzt stellt eine Schwangerschaft fest, die „den Pfarrer in eine andere Verzweiflung stürzt". Der Amtmann kommt zu Besuch, um ihn „zu milderer Behandlung der Gefallenen zu stimmen". Ihm erklärt Marie entgeistert: „Ich weiß ja selbst nicht, wie das alles kam." Gleichwohl verstößt sie der Vater. Sie packt ihre Habseligkeiten, verlässt unter der

Verachtung der Marklindener Dorfbewohner das Pfarrhaus und hat noch Glück, eine Bleibe zu finden, wo sie Monate später auch den kleinen Georg zur Welt bringt und aufzieht. Ihrer Wirtin führt sie in gewohnter Umsicht und Tüchtigkeit den Haushalt.

Nach dreijähriger Reise durch Großbritannien und Nordamerika kehrt der junge Eisener heim und entdeckt in einer Kunstausstellung auf Dresdens Brühlescher Terrasse das Madonnenbild von Ritter. Im Gesicht der Madonna erkennt er sogleich das Antlitz seiner Marklindener Maria wieder. Das Gemälde wäre freilich inzwischen an einen reichen Kaufmann veräußert worden. Das treibt ihn nach Marklinden, wo er in Erfahrung bringt, der neue Bildeigentümer sei sein Vater. In Sonnenborn trifft er zufällig auf eine Frau, die Marien, welche ja nun auch schon fast drei Jahre auf dem Friedhof ruhen muss, zum Verwechseln ähnlich sieht. Maria, die Eisener sofort wiedererkannt hat, lässt ihn bei dem Glauben, sie sei die Schwester der Verstorbenen und der kleine Georg auf ihrem Schoß freilich ihr eigenes Kind. Jetzt will Eisener unverzüglich an das Grab in Marklinden, läuft jedoch dort dem Pfarrer in die Arme. Der klärt ihn dahingehend auf, dass die Marie in Rosine Justs Haus seine einzige Tochter sei, dass gleichwohl auch er nicht wisse, wer der Vater des Kindes sei: „Sie blieb dabei, sie wüsste selber nicht, wer derselbe."

Schnellstens eilt Eisener nach Sonnenborn zurück. Und erst jetzt finden sich er und Maria fürs Leben und zur Freude ihrer Väter zugleich als die Eltern des kleinen Georg.

※※※※※※※

Einige Unwahrscheinlichkeiten, etwas die, dass das ominöse Geschehen im Pfarrhaus während jener Vollmondnacht bis zur Abreise Eiseners sich auch indiziär zwischen den Liebespartnern nicht hätte aufklären lassen, sollten hingenommen werden. Denn die Umstände jener „unbewussten" Schwängerung sind auch dann immer noch etwas überzeugender als die in der seinerzeit anrüchigen Kleistnovelle.

Auch Nebengestalten wie der Pastor, die alte Rosine Just, die Eheleute Breitung sind trefflich gekennzeichnet. Notgedrungen musste der junge Eisener lange Zeit im Hintergrund bleiben, da er ja eben seine dreijährige Überseereise absolvierte.

Nach seiner Rückkehr in die Heimat fällt seine Begeisterung für die sächsische Residenz mit der des Autors anlässlich dessen erster Reise in eins: „1843 tut sich mir in Dresden auf der Gemäldegalerie und im Hoftheater eine neue Welt auf." Dort bildet sich ein in ganz Europa einzigartiger illustrer Kreis schöpferischer Genies um den Architekten Gottfried Semper, den Bildhauer Ernst Rietschel und die Komponisten Richard Wagner und Robert Schumann. Der Autor macht auch die Bekanntschaft Ludwig Richters, der dann das fertige Novellenmanuskript mit ungewöhnlicher Anteilnahme lesen sollte.

Jene Erstreise nach Elbflorenz bewirkte immerhin, dass der Autor dort am Ort in der zweiten Hälfte des Jahres 1843 „Maria" unter jenen frischen künstlerischen Eindrücken abschließen konnte.

Die architektonische Fülle barocker Kleinodien in Dresdens Innenstadt! Die begeisternden Landschaftsbilder ringsum! Vor allem aber die Beschäftigung mit den weltberühmten italienischen und niederländischen Exponaten in der Bildergalerie, sie schärft sein malerisches Schauen und Erfassen. So dass der junge Eisener jetzt noch mehr als bei Reiseantritt erwägt, „seiner Lieblingsneigung zur Malkunst folgend, das Geschäft aufzugeben, gegen das er nur Widerwillen empfand, und sich dadurch zugleich von der Despotie seines Vaters zu befreien, die ihm mit jedem Jahre unerträglicher geworden war." Diesbezüglich hat sich nun während der langen Zeit der Trennung der Vater geläutert, und der Sohn, der jetzt für Frau und Kind sorgen muss, wird sich fortan auch im Kaufmännischen bewähren.

Die Schilderung der Titelheldin ist ihm meisterlich gelungen; ihr fehlt es auch nicht an psychologischen Schattierungen. Imponierend ihre Reaktion, als sich vor ihrer Verstoßung aus dem Vaterhaus der sie heimlich verehrende Fabrikkontrolleur Jansen erbietet, die Schwangere zu heiraten, um – aus damaliger Sicht – ihre Schande zu decken. Entrüstet lehnt sie einen solchen Ausweg ab, weil sie anderenfalls ihre Selbstachtung verlöre. Maria, im Vorgriff auf die Annedorle in der *Heiterei* und die Christina in *Zwischen Himmel und Erde* steigt auf zu einer der sympathischsten Gestalten der gesamten deutschen Novellenliteratur. Ihr Schicksal und dessen Meisterung wird der Leser nicht zu verfolgen vermögen, ohne davon angerührt zu sein.

Dennoch lehnten sämtliche Verleger eine Veröffentlichung ab. Sogar der sonst fördernde Laube in seiner *Zeitung für di elegante Welt* mit der ehrlichen Begründung, sein Lesepublikum bestünde überwiegend aus Damen, und die würden – angesichts des damaligen Sittenverständnisses – über Marias Geschick sich so entrüsten, dass er eine ernste Geschäftsschädigung zu befürchten hätte. So erschien denn dieses Werk – wiederum inmitten von Adolf Sterns Gesamtausgabe – erstmals 1891, behauptete dann jedoch seinen Rang bis ins nächste Jahrhundert hinein.

3. Die Heiteretei

In dem thüringischen Städtchen Luckenbach betreiben die meisten Männer ein Handwerk, besitzen aber obendrein noch Grund und Boden, auf dem dann ihre Frauen wie auf einer Art Nebenerwerbsstelle zur wärmeren Jahreszeit landwirtschaftlich tätig sind. Die „Großen Frauen" unter ihnen, die der wohlhabenderen Männer, finden freilich oft genug Zeit zu einem ausgiebigen Plausch, um über Leute im Städtchen mehr oder weniger boshaft herzuziehen.

Am Rande des Luckenbacher Gassengewirrs bewohnt die so junge wie wohlgestaltete, hochaufgeschossene wie kräftige Annedorle ein kleines baufälliges Haus unter einem fülligen Holunderbusch. Das Mädchen duldet kein langes Sitzen, ist schnell und leicht auf den Füßen, hasst Unordnung und gibt sich mit gutmütiger, heiterer – deshalb zumeist auch Heiteretei gerufen – und dabei ganz natürlicher Unbefangenheit. Frechen Mannsbildern bleibt sie keine Antwort schuldig.

Nur ein Nachteil hängt ihr an: Annedorle ist ein armes Mädel. Und sie muss obendrein für ihre kleine Nichte sorgen. Denn als ihre leichtfertige „ältere Schwester Mutter geworden ist von dem dicken Semmelbeck in der Stadt, wo sie gedient hat, da hat die Heiteretei sie fortgeholt und hat ihr einen anderen Dienst verschafft, weit von hier." Deren „Kind aber hat sie bei sich behalten, und nicht viele Mütter sind so brav gegen ihr eigenes Kind, wie die Heiteretei gegen das Liesle ist."

Um das Liesle und sich selbst mit dem Notwendigsten zu versorgen, muss sie außer Haus jede zufällig sich anbietende Tagesarbeit annehmen. Zur Sommerszeit verdingt sich Annedorle bei den Handwerkerfrauen zu anstrengenden Feldarbeiten. Sonst erledigt sie mit ihrem schweren Schiebekarren Besorgungen für ihre Nachbarsleute. Das Liesle muss sie dann stets im Häusel zurücklassen, wo es von der alten Annemarie betreut wird, der dafür freie Kost und Logis in einer Bodenkammer eingeräumt worden ist.

Aufträge führen die Annedorle wieder einmal zum entfernten „Gründer Markt", der selten stattfindet. Wo sich die Leute aus der Umgebung treffen, wo alle erdenkliche Waren gekauft und getauscht werden. Der Weg dorthin führt sie vorbei an einem offenen Scheunentor, vor dem inmitten unordentlich verstreuter Arbeitsgeräte eine Schnitzbank steht, „über die bei Nacht jemand fallen" kann. Deshalb schafft sie dort schnell Ordnung.

Das Anwesen gehört dem Büttnermeister Holdersfritz, der immer wieder sein Metier vernachlässigt und mit seinen dreißig Jahren viel lieber als Anführer einer randalierenden Horde von 15– bis 20jährigen durch die Gegend zieht. Diesem „wilden Hordenfritz" und seinen Rabauken begegnet sie auf dem Rückweg ausgerechnet in einem engen Hohlweg, wo er sie unter dem Gegröhle der Seinen am Weiterfahren hindert. „Die Heiteretei schob aus allen Kräften, der Holderstritz stemmt sich ebenso" gegen die beladene Karre. Auch hier bleibt sie frechen Zurufen und Fragen keine Antwort schuldig; sie sagt ihm ihre Meinung: „Du denkst, weil ich arm bin, kannst Du über mich spotten? Wenn Du mich zur Frau hättest, könntest Du vielleicht noch ein Mann werden und liefest nicht mit solcher Brut herum, die noch die Eierschalen am Schnabel hängen hat."

Anschließend lässt sich der Holdersfritz von seien Jungburschen beim Schwanenwirt zwar wie gewohnt feiern, doch Annedorles Worte kann er nicht vergessen. Trotz seines zunächst noch anhaltenden Zornes gegen sie : „Warte, Du Mädle Du!" Irgendwie imponiert ihm das arme Geschöpf, das ein so hartes, entsagungsvolles Leben führen muss. Wäre sie nicht dessen ungeachtet begehrenswert? Sie ist „so hoch und schlank in Luckenbach; ihr federnder Gang, ihre trotzige Nackenhaltung, der dicke Zopf, der ihr bis auf den Hals hinabwuchtete." Und was führt demgegenüber er als angeberischer Häuptling einer Flegelbande für ein sinnentleertes Leben? Annedorle? „Er will nichts mit ihr haben; aber ein Anderer soll's auch nicht."

Ordnung schafft der Holdersfritz bei sich und in seiner Büttnerwerkstatt. Seinen Lehrlingen und Gesellen wird er nun ein Meister. Die „Mäßigkeit im Genuß von Speise und Getränk, der Schlaf vor Mitternacht, die wachsende Lust an der Arbeit, der regelmäßige Fleiß geben ihm eine Frische und Freudigkeit, die er noch nie gekannt hat. Das Schwerste gelingt ihm, das Gelungene baut einen ganz anderen Stolz in ihm auf, als sein früherer auf das Wildtun gewesen ist."

Unweit von Annedorles Häuserl "thront auf dem höchsten Punkt des Städtchens" der Gasthof Zum Goldenen Ring, das sogenannte "Gringel". In ihm regiert als dessen Wirtin die ungewöhnlich beleibte "Gringelwirts–Valtinessin", die sich dauernd überlegt, ob sie ihre Tochter Ev beim Holderswirt unter die Haube bringen kann. Momentan sitzen bei ihr mehrere Männer in der Gaststube.

Einer aus der Jugendbande berichtet, seit jener Begegnung im Hohlweg sei der Holdersfritz voller Wut auf die Annedorle: "Er hat nicht können sprechen, hat nur mit den Zähnen geknirscht und die Fäuste nach ihr geballt." Der dauernd hüstelnde Weber berichtet, in der Nähe von der Heiteretei Häusel habe der Holdersfritz ihr aufgelauert "und in seinen Händen hat er ein Beil gehabt". Das bestätigt der Uhrmachermeister Zerrer. Und die Wirtinstochter Ev bekundet, unweit der Heiteretei habe sie den Holdersfritz "beinah über den Haufen gerannt". Kein Wunder, wenn zuvor die Heiteretei ihn im Hohlweg so heruntergeputzt habe: "Ja, so ein gemeines Ding ist die." Für Evs Mutter, die "Valtinessin" ist jedenfalls eines klar: "Der Holdersfritz laure jemandem auf."

Die Erkenntnis dieses zwar reichen, aber vielleicht gerade deshalb besonders üblen Klatschweibes hat nun zur Folge, dass am nächsten Tag Annedorle anlässlich ihrer Rückkehr von der Arbeit neben der Valtinessin an ihrer Haustür noch zwei weitere Tratschweiber vorfindet: die Morzenschmiedin und die Weberin vom Säumarkt. Diese drei warnen sie vor dem wilden, so unberechenbaren wie aggressiven Hodersfritz: "Geht beileib nicht bei nacht aus Eurem Häusle! – Und verschließt's auch bei Tag, solange wir nicht bei Euch sind." Auch noch andere "Große Weiber" finden sich ein, zumeist Ehefrauen begüterter Handwerksmeister, die sich ihre Langeweile ebenfalls mit Tratscherei vertreiben. Kaffeetrinkend bilden sie in Annedorles Behausung sogar eine "Hauptwache" in deren Abwesenheit, um angeblich das Mädel vor einem Angriff des Holdersfritz zu beschützen .Die lacht das Weibervolk anfangs noch aus: "Wenn der Holdersfritz wild ist, bin ich noch wilder." Doch dass der ihr im Busche auflauere, das will sie nun auch nicht mehr ausschließen.

Als besondere üble Figur offenbart sich der Morzenschmied, bei dem sich der Holdersfritz ein Beil bestellt hat, um im Busch die Weidenäste abzuschlagen. Dort trifft ihn dann der Morzenschmied an, bringt die Rede auf die Annedorle und redet ihm ein, die wäre "ganz in Dich verschamieret", kurz danach aber: "Sie möchte' nix von Dir wissen." Seiner Frau lügt er vor, der Holdersfritz würde ein Beil unter seiner Jacke verstecken und der Annedorle im

Busch auflauern. Er bittet sie, dies nicht weiterzuerzählen, wohl bedenkend, dass sie das nun erst recht den anderen „Großen Weibern" unterjubeln wird. Die bejammern denn auch anderentags die Annedorle als eine Todgeweihte, als diese ihnen eröffnet, mit der Schiebkarre allein nach dem Dorfe Zainhammer fahren zu müssen.

Als Annedorle abermals auf dem abendlichen Rückweg jenen dunklen Busch passieren muss, wird sie von einer Anwohnerin gewarnt: „Dort auf dem Ulrichssteg, dort steht er und lauert schon eine Stunde lang. Macht geschwind fort, sonst wird er Euch noch gewahr!" Dabei sucht der gewandelte Holdersfritz nur nach einer Gelegenheit, um sich ungesehen und ungestört mit Annedorle auszusprechen. Die ihrerseits muss nach der überbordenden Panikmache der „Großen Weiber" und anderer jetzt befürchten, einem todbringenden Überfall zum Opfer zu fallen, will dem zuvorkommen und stößt mit ihrer Schiebkarre den überraschten Holdersfritz, bevor der ein Wort herausbringen kann, so dass er in den Waldbach stürzt und sich dabei vor allem am Arm schwer verletzt.

Aufatmend erreicht Annedorle ihr Haus, in welchem die „Wachstubenweiber" genüsslich ihren Kaffee trinken: „Sind die dummen Großen Weiber schon wieder da beisammen?"

Bei denen schlägt die Stimmung total um, als sie über den Bader erfahren, der Holdersfritz habe die Annedorle nicht überfallen, sondern sich mit ihr unterhalten wollen. Jetzt klagen sie plötzlich Annedorle an, sie habe den armen Mann „ins Wasser gerennt". Am schlimmsten die Valtinessin, die ja ihre Ev mit dem Holdersfritz zusammenbringen will. Da verliert die Annedorle nun doch die Geduld und wirft den gesamten Weiberhaufen aus dem Haus: „Ich habe mich nicht vor dem Holdersfritz gefürchtet und fürchte mich nicht vor euch. Ihr habt mich zu fürchten wollen machen. Und jetzt habt ihr wieder Furcht, ich könnt's vor Gericht sagen, ihr seid schuld, daß ich's hab getan." Doch die alte Annemarie verlässt sie: „Sie ging ja bloß aus Furcht, die Großen Weiber könnten's für eine Sünde halten, wenn sie bei der Heiteretei wohnen blieb." Sie zieht um in ein taubenschlagähnliches Geniste.

Dass das Bedenken der Alten nicht ganz unbegründet war, muss Annedorle in der Folgezeit am eigenen Leibe verspüren. Abgesehen davon, dass sie das kleine Liesle jedes Mal auf die Arbeit mitnehmen muss, schwinden ihre Verdienstmöglichkeiten, zuletzt sogar drastisch schnell. Die Großen Weiber lassen sie nicht mehr wie bisher auf ihren Feldern arbeiten, teilweise auch mit

Rücksicht auf die der Annedorle jetzt total feindlich gesonnene Valtinessin. Der Tag rückt heran, da sie über kein Geld mehr verfügt. Doch das kleine Liesle braucht Brot und Milch. In ihrer Not wendet sie sich an ihren „Kurator", den Meister Schramm. Der empfiehlt ihr eine Heirat, um ihre Not schnell zu wenden. Sie solle sich beispielsweise an den reichen Bäckermeister Semmelbeck wenden, den unehelichen Vater des kleinen Liesle. „Der hätte wohl Lust, sie zu freien; aber das Kind da, das müßt' sie freilich von sich tun." Nur damit Liesle ein wenig Brot zu essen bekommt, überwindet sich Annedorle und sucht den Semmelbeck auf. Der: „Wenn das Dorle bei mir bleibt, soll das Kind zu essen haben, was es mag, und das Dorle mit. Und meinetwegen kann's auch dableiben." Doch sein „lüsternes Lächeln" verheißt nichts Gutes, und Annedorle will nicht das erbarmungslose Schicksal ihrer Schwester erleiden .Zornig wendet sie sich ab, doch als sie mit dem hungernden Kind in ihr baufälliges Häuserl eintritt, bricht sie seelisch zusammen.

Dort sucht sie unerwartet der Holdersfritz auf. Schon wegen des unglückseligen Unfalls im Busch hat sie sich immer eine Aussprache mit ihm erträumt. Fast scheitert sie an ihrer inneren, von falschem Stolz genährten Verwirrung. Und er? Sicher, als inzwischen wieder geachteter Büttnermeister mit eigener Werkstatt würde er jetzt bei Partnerinsuche auf „genug reiche Mädle" treffen, und das „Goldmädle" von Valtinessa mit ihrem „Geld und Sachen" wäre auch noch zu haben. Doch der Holdersfritz ist sich inzwischen dessen bewusst geworden, was er an der so tüchtigen wie arbeitsamen, so hübschen wie durchsetzungsfähigen Annedorle in seiner Wirtschaft besitzen würde, die ihm seine zunehmend gebrechliche Großmutter nicht mehr so richtig führen kann. Mittlerweile hat er obendrein in Erfahrung gebracht, dass Annedorle anlässlich der unheilvollen Begegnung im Busch nur in Angst und vermeintlicher Notwehr gehandelt hat.

So nimmt denn der Holdersfritz das kleine Liesle einfach mit sich in sein Haus. Nachdem Annedorle ihre beträchtlichen Hemmungen – vor allem die, sie könnte sich ihm aufdrängen – überwunden, folgt sie ihm. Und in der Büttnerei greift sie zur Erleichterung der Großmutter sofort in Haus und Hof, Feld und Wirtschaft vehement zu. „Sie dacht' sich den Fritz als ihren Bruder." Doch nicht allzu lang sinnt sie über seine Worte nach: „Was Du mir nicht zulieb tun magst, das verlange ich nicht." Denn sehr bald brechen bei beiden die wahren Gefühle füreinander unaufhaltsam durch. Letzte Missverständnisse schwinden dahin.

Unter großer Anteilnahme der Stadt und zur Mitfreude vieler ihrer Bewohner wird Hochzeit gehalten. Es wird eine glückliche Ehe mit Kindersegen. Als Annedorle nach einiger Zeit ihr altes ruinöses Häusel aufsucht, findet sie es zu ihrer immensen Überraschung völlig renoviert vor; ihr Fritz hat es heimlich wieder schmuck und voll bewohnbar gemacht. Und „die Frau Valtinessin und die übrigen Großen Weiber haben Freundschaft mit der Heiteretei geschlossen, denn sie ist nun auch eine Große Frau."

༺༻༺༻༺༻༺༻

Eben diese letzte Wendung zwingt zum Nachdenken. Und offenbart schließlich die innere Brüchigkeit, gesellschaftliche Verlogenheit so vieler Menschen im vorindustriellen thüringischen Städtchen Luckenbach. Gegen die sich eine von Haus aus arme Annedorle ständig zur Wehr setzen muss. An denen sie scheitern würde, gäbe sie sich nicht so resolut und geradezu. Erschiene sie den Weibern nicht als eine „Heiteretei", die immerfort vor ihnen den eigenen wirtschaftlichen Abgrund verbirgt, an dem sie so eben dahinvegetiert. In konstanter Armut trotz kräftezehrenden Einsatzes in untergeordneten, schlechtbezahlten Dienstleistungen. Und dabei zusätzlich pflichtbewusst für das Wohlergehen des kleinen Liesle sorgt.

Beklemmend vor allem die bodenlose Gemeinheit der sogenannten Großen Weiber, gut abgesicherter Ehefrauen von wohlhabenden Handwerksmeistern, die nicht wissen, wie sie ihre freie Zeit überbrücken sollen; die eigentlich nur zusammenkommen, um über ihre Mitbewohner herzuziehen.

Die dann dem Annedorle einreden, der Holdersfritz lauere ihr mit einem Beil im dunklen Busch auf, weshalb sie dieselbe, um „das christliche Mitleid zu üben", beschützen wollen und deren Stube „zu einer Art Hauptwache" umfunktionieren müssten. In Wirklichkeit nur, um sich bei ihr immerfort zu einem angenehmen Kaffeeplausch niederzulassen.

Als die „Großen Weiber" wortreich nun endlich die Annedorle von der Gefährlichkeit des Holdersfritz überzeugt hatten, Annedorle danach in vermeintlicher Notwehr denselben ins Wasser gestoßen hatte, drehen sie freilich den Spieß plötzlich um. Der arme Mann hätte ihr gar nicht auflauern wollen, und sie ihrerseits wäre eine verwerfliche Übeltäterin, da sie ihn mit ihrer Schiebekarre so schlimm ramponiert hätte.

Auf die Verwerflichkeit in Denkart und Handeln der „Großen Weiber" reagiert Annedorle durchaus angemessen, wenn sie zornig dieselben aus ihrem Häusel weist. Was nun freilich wieder zur Folge hat, dass sie nicht mehr wie bisher auf ihren Feldern arbeiten darf und damit in die Geld- und Hungersnot getrieben wird.

Nach der Heirat mit dem Holdersfritz bieten sie ihr jedoch unverschämter weise ihre „Freundschaft" an, da Annedorle ihnen infolge des gesellschaftlichen Aufstieges zur Frau Büttnermeister würdig geworden sei.

Viele der Männer in Luckenbach sind jedoch kaum besser. Insbesondere der verleumdende, heuchlerisch aufhetzende Morzenschmied erweist sich als ein Schweinehund eigener Güteklasse. Doch wohl noch teuflischer ist der feiste reiche Semmelbeck, der seinem hungernden unehelichen Töchterchen nichts zu essen geben will. Oder doch, dann allerdings nur, wenn sich Annedorle ihm hingibt.

In der Fugendichte seiner treffenden und logischen Gesprächsführung, der lückenlosen Motivationen jener vorgeführten Personen, ihrer Impulse wie ihrer Reaktionen, der jeweils sicher getroffenen Wortwahl inmitten eines kleinbürgerlichen thüringischen Städtchens um die Mitte des 19. Jahrhunderts erweist sich Otto Ludwig als ein Meister der Erzählung. Kaum eine Passage, die nicht überzeugt. Trotz fast schon dörflicher Idylle werden immer wieder Spannungsfelder geschaffen, und der über die beiden Protagonisten gewölbte Spannungsbogen trägt bis zuletzt.

Doch es ist noch mehr, noch weit mehr in dieser Heiteretei an Kleinodienhaftem enthalten. Vor allem jene unwahrscheinlich höchstentwickelte Psychologie, mit der nach jenem ominösen Aufeinandertreffen des Holdersfritz mit der Annedorle im Hohlweg der Dichter diese beiden über alle Hürden des Missverstehens, der verleumdungsbedingten Gegnerschaft, vor allem aber ihrer inneren Hemmungen, Scheinvorbehalte, verdeckten Eitelkeiten und unbegründeten Minderwertigkeitskomplexe zusammenführt. Gleichwohl ahnen sie von vornherein – zumindest unterbewusst –, füreinander bestimmt zu sein. Rechtzeitig bekommt der Leser das auch mit. Dem Schneider gegenüber, der die Annedorle ihres Schiebekarrenstoßes wegen anzeigen will, erklärt der Holdersfritz, um sie von vornherein zu entlasten, er selbst sei schuld daran, in den Bach gefallen zu sein: „Ich habe Weiden woll hauen und mich zu weit übergebogen. Da hab ich das Geschick verloren und bin gestürzt." Und Annedorle hätte es „nicht überleben mögen, wenn er tot war." Tief bewegt erfährt sie, dass er sie als Täterin ausgeschlossen: „Er ist selber gefallen, hat er gesagt." Ganz zum Schluss erfährt der Leser, warum trotz ihrer aufblühenden Liebe zu dem Holdersfritz die Annedorle etwas verhalten reagiert: „Daß ich den Männern bin feind gewesen, das ist von meinem Vater seliger gekommen. Als ein klein Kind hab ich müssen sehn, wie er meine Mutter hat geschlagen, daß sie manchmal beinah ist liegen 'blieben."

Von besonders psychologischem Reiz, wie sich Annedorle eine erfüllte Partnerschaft mit dem Holdersfritz träumen ausmalt. Wie dieser seinerseits auf dem Krankenlager phantasierend um die reiche Valtinessintochter Ev werben will, weil ihn Annedorle wohl verschmäht, gleichwohl von letzterer im Fieber redet, wie er seine Großmutter zu der Valtinessin schickt und gleich danach lamentiert: „ Nun ist's aus mit dem Annedorle."

Manche Passagen erscheinen etwas zu weit ausgewalzt, etwa die Traumdeutung der alten Annemarie, die Fieberphantasien des Holdersfritz, auch manche Wetterbeobachtungen.

Doch gerade der Mondschein – mit der angedeuteten Funktion eines Dingsymbols – verführt den Dichter zu den anmutigsten „lyrischen" Partien, die einem Hochromantiker alle Ehre machen würden. Wenn beispielsweise der Nachtwächter vor Annedorles Häusel stehen bleibt; er „nahm das Nachtwächterhorn in die Lippen und blies gerade nach dem Häuschen hin den schönsten Ton, der darin war. – Hübsch genug sah es aus, wenn wie heute der Mond darauf schien. Am hübschesten aber, wenn der große Holunderbusch, der das Häuschen unter seinem Arm hatte wie einen Hut oder unter seinem Flügel wie ein Kücklein, zugleich in voller Blüte stand." Oder etwas humorvoller ziemlich zu Beginn: „Der Mond stellte sich auf die Zehen und sah zwischen ihnen hindurch auf die nasse Straße hinab. Die hielt ihm tausend Spiegel vor. Und er sah wohlgefällig, um wieviel schöner und vollwangiger er nun seit gestern wieder geworden war." Freilich wird der Mond später auch Zeuge jenes Schiebekarrenunfalls im dunklen Busch des Ulricholzes.

Otto Ludwigs Komik blitzt an den verschiedensten Stellen auf. Ob anlässlich des vergeblichen Versuches jener drei Handwerker, Annedorles Schiebekarre aus dem Morast zu ziehen. Ob im Gefolge des redselig stotternden Böttchergesellen aus Saalfeld. Ob beim Sturz der Schmiedin beim Verlassen von Annedorles Häusel, auf die nun wieder die nachfolgenden anderen Großen Weiber fallen. Ob schließlich im Zuge der kneippähnlichen Therapie, als Bader

Schödler den scheinbar bewusstlosen Holdersfritz wieder zu sich bringt, indem er ihm glattweg einen Krug kalten Wassers über den Kopf gießt. Die unanständig in die Breite gegangene Grinelwirtin Valtinessin wird als „Oberpriesterin des gestürzten Opferdienstes in ihrer ganzen häuserbreiten Majestät" tituliert. Während die tratschvertraute Morzenschmiedin sich gefallen lassen muss, mit „einer rückwärts wandelnden Schwarzwälderuhr, an der das Haubenfleckchen das Zifferblatt, die lang von der zuckerhutförmigen schwarzen Haube in den Rücken hinabfallenden Bandschleifen die Gewichte, und die lange schmale Person der Schmiedin selbst das Gehäuse darstellten" verglichen zu werden.

Doch ungeachtet des glücklichen Ausgangs der Erzählung bleibt ein nicht nur leichtes Entsetzen zurück ob der erbarmungslosen sozialen Zustände in Luckenbach. Im Hinblick auf die unverheirateten Frauen, und dies insbesondere dann, wenn sie nicht auf ein Vermögen oder familiären Rückhalt und Beziehungen zurückgreifen können. Selbst die arbeitsam tüchtige, kraftvoll zupackende Heiteretei–Annedorle, die zuerst selbstbewusst erklärt: „Mein Brot verdiene ich allein, wenn ich schon ein arm Mädle bin", muss anlässlich ihres späteren Zusammenbruchs erkennen: „Ein ledig Weib ist das elendste Ding auf der Welt." Ihr gegenüber bringt es Frau Dotin auf den Punkt: „Das Ding ist so: Du bist ein arm Mädle, und das sind Große Weiber. Das ist die Sach', und nicht, wer schuld ist, und wer nicht schuld ist. Es kommt nix darauf an, was einer redet, sondern ob einer Geld hat und Sachen oder nicht."

Und in solch verzweifelter Situation dann der fiesen Tratscherei der verdeckt bösartigen Umwelt ausgesetzt zu sein! Die Tischlerin formuliert es so: „Aber so sind die Leut. Denn warum? Wenn's nur nix Gut's ist vom lieben Mitmenschen! Je schlimmer es ist, je lieber glauben's die Leut'."

Rein formal fällt die Erzählung ins novellistische Fach. Das Hauptmotiv wird gleich zu Beginn angeschlagen. Was da einer der Handwerker vor einer Wirtshaustür der losschiebenden Annedorle eher im Spaß zuruft: „Du mußt den Holdersfritz freien", das zieht sich leitmotivisch durch das gesamte in seinem vorzüglichen Aufbau. Lobenswert, dass sich der Dichter in seinen Schilderungen auf das sozial eingeengte Handwerkermilieu mit seinen damals untrennbar mit ihm verbundenen familiären Komponenten beschränkt hat.

Die 1854 niedergeschriebene *Heiteretei* erschien in Buchform im Jahre 1857 im Frankfurter (Main) Verlag Meidinger. Ihr war sogleich ein durchschlagender Erfolg beschieden.

4. Aus dem Regen in die Traufe

In einem der letzten Straßenhäuser Luckenbachs bewohnt neben der Schneiderwerkstatt ihres Sohnes Hannes die nun schon ältere Frau Bügel herrschaftlich das Obergeschoss, während sich der Sohn mit einer Bodenkammer darüber abfinden muss. Ihre junge Nichte Sannel hat sie zwar in ihrem Hause aufgenommen, ihr jedoch nur einen engen Verschlag im Erdgeschoss neben Kuh und Ziege als Logis zugewiesen. Zum Gelächter der Stadtbewohner reglementiert sie ihren Sohn, einen körperlich zu kurz geratenen Schneidermeister, wie ein unmündiges Kind. Dieser gehorcht ihr zwar aufs Wort, treibt sich jedoch nach Möglichkeit außer Haus herum, lässt sich bei seinen Freunden als „Mordsbursch" feiern und trägt als Zeichen betonter Männlichkeit einen ansehnlichen Backenbart. Sein Verhältnis zur Cousine Sannel ist gleichsam ein geschwisterliches; er merkt nicht, dass sie ihn heimlich liebt und betrachtet es als selbstverständlich, dass sie ihn nach Möglichkeit vor den Attacken seiner dominanten Mutter abschirmt.

So hilft sie ihm an einem Spätabend, von seiner Mutter unbemerkt ins Haus und in seine Bodenkammer zu gelangen. Erfährt jedoch dabei zu ihrem Schmerz, dass Hannes um die robuste Heiteretei werben will, damit diese dann später im Haus ein Gegengewicht zur unausstehlich tyrannischen Mutter bildet. Denn bisher wusste die so anmutige wie fleißige Sannel noch nicht, „daß der Hannes seine Gedanken, sich vor dem vierten Gebot hinter eine Frau zu retten, die stärker wäre als seine Mutter, nicht aufgeben würde."

Am nächsten Morgen staucht Frau Bügel ihren Sohn ob seines häufigen abendlichen Ausschwärmens zusammen. Da trifft im Tagesverlauf der Hannes tatsächlich auf ein dralles schwarzhaariges Mädchen, dem er zutraut, seiner Mutter im Hause energisch entgegenzutreten. Beide kommen sich näher. Neugierig geworden geht nun Frau Bügel, die den von ihr ständig beschimpften Sohn nun auch ihrerseits unter die Zuchtrute einer selbstbewussten Ehefrau bringen will, in die Gerbergasse „zu der Dienstherrschaft der Schwarzhaarigen". Gegenüber der nachforschenden Frau Bügel lobt die Gerbersfrau ihre Dienstmagd; in Wirklichkeit ist sie froh, das unangenehme „wilde Tier" problemlos loszuwerden; so denkt sie bei sich: „Da kommt ein Teufel über den anderen."

Den sich überlegen dünkenden und dennoch unbegreiflich dümmlichen Hannes bringt die Schwarzhaarige dazu, ihr – entgegen Sannels dringendem Abraten – ein schriftliches Heiratsversprechen auszuhändigen. Zielstrebig verfolgt sie jetzt nur Eines: „Erst muß ich drinne sitzen. Eine Wirtschaft muß ich haben, wo ich Herr bin, und kein anderer Mensch. Und da soll mich Keiner wieder herausbringen."

Die Schwarzhaarige zieht nun im Schneiderhaus ein, verdrängt die unglückliche Sannel, packt zur anfänglichen Genugtuung der Mutter Bügel auch tüchtig zu, spielt jedoch alsbald immer ungenierter die wahre Herrin im Hause. Zunehmend fühlt sich die Mutter beiseite geschoben, erkennt erst jetzt so richtig „die falschen Augen der Schwarzen." Diese fragt nach drei Wochen die Alte herausfordernd, was hinfort werden solle: „Ich will nun wissen, ob ich werd zu meinem Recht kommen. Länger zum besten halten lasse ich mich nicht." Mutter Bügel verärgert: „Du bist meine Magd, und ich kann Dich fortschicken, wenn mir's gefällt." Die Schwarze verlangt einen Aufgebotstermin. Die Mutter teils wütend, teils der Ohnmacht nahe: sie sei die Eigentümerin des Hauses. Die Schwarze lacht sie aus: „Das Häusle kommt von seinem Vater. Und nun ist's alles dem Hannes. Und nun fragt sich's nicht, ob Sie mich will ‚reinlassen. Nun ist's die Frage, ob ich Sie ‚reinlasse. Denn in meinem eigenen Häusle laß ich mir nicht auf der Nasen tanzen." Ultimativ fordert sie die kirchliche Trauung binnen drei Wochen .Dabei hält sie ihr des Sohnes schriftliches Heiratsversprechen unter die Nase. „Die Frau Bügel war ganz in sich zusammengebrochen."

Da erscheint der rettende Engel in Gestalt eines ansehnlichen Hünen. Der bittet Hannes, ihn vorübergehend als Schneidergesellen zu beschäftigen. An sich habe er eine Gesellentätigkeit nicht mehr nötig, da er in wohlhabenden Verhältnissen lebe, in Magdeburg und anderswo insgesamt drei Häuser besitze. Vor allem verlange seine Familie – der eigentliche Grund –: „Ich soll mir eine junge Meisterin holen. Meine Mutter ist selber aus der hiesigen Jejend und meint, hier wachsen die besten."

Das bekommt nun auch die Schwarzhaarige mit; ihr „gefiel der Bursche, und sie mußte ihm zeigen, daß sie hier die Herrin war." Der Riesenkerl äußert eher so nebenbei: „Jemütlichkeit und Sanftmut hat den größten Reiz für mich." Die Schwarzhaarige schaltet: „Von dem Augenblick an war sie die Jemütlichkeit und Sanftmut selbst." Dem Hannes fällt sehr bald auf, dass sie seinen Liebkosungen vor allem in Anwesenheit des neuen Gesellen ausweicht: „Und daß Du vor dem fremden Menschen nicht tust, als wenn wir Brautleute wären. Ich schäme mich sonst." Er: „in acht Tagen ist Hochzeit." Sie meint, damit habe es noch Zeit. Wie beim plötzlichen Rollentausch!

„Die Bemühungen der Schwarzen um den Gesellen waren so handgreiflich, als daß sie nicht hätten bemerkt werden sollen." Nur Hannes bemerkt nichts. Und als er es reichlich spät dennoch begreift, schreit er seinen neuen Gesellen an: „Meine Braut ist meine Braut. Weiß er das?" Doch die sanfte Sannel belehrt ihn, der Magdeburger habe es auf sie abgesehen. Der Herr Schneidermeister stutzt: „In dem Lichte eines heiratbaren Mädchens hatte er die Sannel noch garnicht gesehen." Seine Cousine betrachtet er näher: „In dem Entzücken des Gesellen sah er erst, wie schön die Sannel war."

Ein einziges Durcheinander hebt an. „Die Schwarze war dahinter gekommen, daß die Sannel dem Gesellen gefiel." Sie feuert das Mädel. Hannes will den Magdeburger aus dem Haus weisen. Die Schwarzhaarige will ihn behalten. Hannes wütend auf sie zu: „Du falsche, schwarze Katz!" Er wünscht ihr sogar den Tod, als er seitens der heimlich zurückgekehrten Sannel von deren Herauswurf erfährt. Sannel ihrerseits will dem Magdeburger nur folgen, falls sich Hannes endgültig von ihr trennen wolle. Doch dieser ist sich seiner echten Zuneigung zu ihr inzwischen bewusst geworden. Jetzt rührt es ihn zu Tränen, wenn die herzensgute Sannel ihn tröstet: „Siehst Du, auf die Leut' darfst Du nichts geben. Die wissen ja nicht, wie Du bist. Aber ich weiß von klein Kind an, wie Du bist, und da mußt Du nicht traurig sein. Denn, Hannerle, Du bist doch gewiß und wahrhaftig ein Mordsbursch! Und wenn Du nicht den Leuten ihrer bist, so bist Du meiner."

In Unkenntnis dieser stillen Wandlung brüllt die Schwarzhaarige im Bügelschen Hause, schreit die drei anderen nieder, weil der Magdeburger um die Sannel statt um sie selbst wirbt. Der hat inzwischen das Tollhaus verlassen und bei einem anderen Luckenbacher Meister Arbeit gefunden. Da so das von ihr nunmehr angestrebte neue reiche Heiratsobjekt zu entgleiten droht, wirft sie schließlich Sannel, Hannes und dessen darob völlig konsternierte Mutter aus dem Haus. „In der alten Frau Bügel war nichts mehr von dem alten Mut."

Die drei in der Stadt verzweifelt Herumirrenden treffen auf den ehemaligen Gesellen. Der durchschaut die Situation. Er lockt die Schwarzhaarige aus Bügels Haus und schwört ihr, sie als sein Weib in seine Heimat mitnehmen zu wollen. Überglücklich erfüllt sie sofort die damit allerdings verbundene Bedingung des Hünen: wenn er ihr ein schriftliches Heiratsversprechen geben, müsse sie ihm das Heiratsversprechen des Hannes Bügel aushändigen.

Dieses Dokument schickt er dann der Sannel als „Hochzeitsgeschenk". Während er längst über alle Berge ist, entdeckt die Schwarzhaarige in seiner „Eheverschreibung, dass Datum und Ortsangabe fehlen. Bei einem Advokaten erhält sie die Gewissheit, jenes zweite Dokument sei ohne jede rechtliche Verbindlichkeit. Höchstwahrscheinlich stimme nicht einmal der Name des Unterzeichners.

Als die Schwarzhaarige jetzt wieder im Hause Bügel wie letzthin gewohnt herumkommandieren will, zerreißt der Schneider vor ihren Augen sein eigenes Eheversprechen und wirft sie nun seinerseits unter Assistenz seiner Mutter für immer aus dem Haus. Er und seine Sannel werden nun glücklich miteinander leben. Die Mutter bleibt geläutert und zu ihrer Ehre muss man ihr „nachsagen, daß sie die Hörner wieder ablegte und sie seither nicht wieder aufgesetzt hat."

ఌఌఌఌఌఌఌ

Die Erzählung *Aus dem Regen in die Traufe* wird gemeinhin als Humoreske bezeichnet. Wenn das stimmt, dann verfügt sie gleichwohl über beklemmende Begleitkomponenten.

Die ungewöhnliche Befähigung Otto Ludwigs, seine Figuren psychologisch einfühlsam zu erfassen, hat ihn auch bei dieser Erzählung nicht verlassen. Es fragt sich nur, ob er die Charakterisierung nicht ein wenig ins Extreme gesteigert hat, sodass die Humoreske unversehens zu einer Groteske avanciert. Die dann freilich beim Leser viel Schmunzeln, gelegentlich auch Gelächter auslöst.

Dies gilt zunächst für die Mutter–Sohn–Beziehung. Hannes Bügel ist mit seinen 30 Jahren eigentlich ein anerkannter, ehrbarer Schneidermeister. Der allerdings unter dem Pantoffel seiner Mutter steht. Auch jetzt noch will sie „den Jung" zu einem Manne erziehen. Sie führt die Haushaltskasse und diktiert ihrem Sohn ein viel zu karges Taschengeld zu. In ihrem übertriebenen Sauberkeitsfimmel duldet sie kein Stäubchen auf einem Möbelstück. Zur Unzeit singt sie im Bett Kirchenchoräle. Ihr frommes Getue steht in krassem Gegensatz zur Strenge gegenüber dem erwachsenen Sohn. Dieser wiederum vermag sich nicht aus dem Schatten des vierten Gebotes zu lösen und knickt zum Gespött der Nachbarn dauernd ein; denn „Respekt muß sein im Haus."

Darüber hinaus durch seine kleine Statur von Minderwertigkeitskomplexen geplagt, versucht Hannes, außerhalb des Einflussbereiches seiner Mutter bei Seinesgleichen aufzutrumpfen. Gilt er dann auch als „Mordsbursch", so löst dies sein eigentliches Problem nicht. „An Eurer Mutter möcht ich mich nicht reiben", vertraut ihm der befreundete Schmiedemeister an. Andere desgleichen. Und so reift in Hannes der Plan, eine robuste, kraftvolle, stattliche Frau zu heiraten, die seiner Mutter hinreichend Paroli bieten kann. Ohne zu bedenken, dass er dabei leicht vom Regen in die Traufe kommt. Die Furcht vor der Mutter sitzt so tief in ihm, dass er die ihn später so arg demütigende, malträtierende Schwarzhaarige nur deshalb nicht aus dem Haus lassen will, weil er dann „hilflos in der Gewalt seiner Mutter sein würde."

Die Schwarzhaarige, die er sich unbesehen ins Haus geholt hat, wird ebenfalls treffend beschrieben: „Wie ein Sturmwind fuhr sie in dem Häuschen umher. Wohin sie trat, ächzten die alten Bretter unter ihrem Fuß. Die alten Balken zitterten unter dem Grimm ihrer Stimme. Kuh und Ziege im Stall schmiegten sich ängstlich aneinander, wenn der Sturm vor der Stalltür vorbeibrauste. Das zerbrochene Bodenfenster oben neben Hannes' Kammertür bekam klirrendes Herzklopfen, wenn die Wut der Schwarzen die Haustreppe herauf – oder hinabfuhr." Oder ihr „lautes Schelten und Pantoffelklappern, wovon der Lehm in den Wänden in Angst geriet. Hatte die Schwarze damit beabsichtigt, die Frau Bügel mürbe zu machen, so war ihr die Absicht gelungen."

Dass die drei anderen im Haus nun gegen dieses Luder überhaupt nicht, auch nicht andeutungsweise sich zur Wehr setzen, erscheint freilich nicht nur etwas unglaubwürdig. Da muss erst jener Riesenkerl von Schneidergesellen aus Magdeburg auf der Bildfläche erscheinen, um wie ein Deus ex machina die Dinge wieder ins Lot zu bringen. Sein Name wird ebenso wie der der Schwarzhaarigen verschwiegen. Sein Wesen nur in Umrissen erkennbar. Ist er überhaupt ein Schneidergeselle? Oder nur ein Abenteurer? Ein karitativer Glücksritter? Der nur aus Mitleid mit der Sannel die Schwarzhaarige zur Strecke bringt?

Die Sannel, dieses gutmütige, geduldige junge Mädel, dem Vetter Hannes in verlässlicher Loyalität verbunden, erweckt durchweg unsere Sympathien. Dass sie erst infolge der chaotischen „Traufe" im Haus von einer bisher nur geschwisterlich Geschätzten zu einer begehrenswerten Braut aufsteigt, beweist zusätzlich die für viele Leser unfassbare Stupidität dieses Schneidermeisters.

Es versteht sich da schon fast von selbst, dass in einer solchen Erzählung dem Komischen Tür und Tor – wenn auch partiell beklemmend – geöffnet wird. Oft schon in einzelnen Kurzpassagen: beispielsweise die der Sannel von der Mutter zugewiesene, viel zu enge Kammer. In der „ein dicker Mann, der sich darin auf die Seite wenden wollte, hätte erst die Tür öffnen müssen, um seinen Bauch, der sonst nicht Platz gehabt hätte, in den Stall hinaushängen zu lassen." – Oder der Nasenkneifer von Frau Bügel, der je nach Emotionsintensität auf dem Nasenrücken auf- und abtanzt. – Ein einmal anvisiertes Ziel hätte diese Mutter nie wieder aus dem Auge gelassen; eher „wäre eine Kanonenkugel unterwegs umgekehrt als sie." – Oder anlässlich der Ankunft der Schwarzhaarigen an Bügels Haustür: „Das erste, als Hannes' Mutter und seine Künftige einander gegenüberstanden war, daß sie sich gegenseitig mit den Augen maßen, ob die Andere wohl ihr Mann sei." – Als letztere die Ältere seelisch so zermalmt hat, dass diese das Fenster öffnen und um Hilfe schreien will, „nahm die Schwarze sie bei den Armen und hielt sie fest. Die Frau Bügel war nahe daran, in Ohnmacht zu fallen. Die Schwarze drückte ihr Fleisch und Knochen zusammen. Solche Kraft hat nur ein toller Mensch."

Von noch hintergründigerer Komik das plötzliche Umschalten der Schwarzhaarigen auf Sanftmütigkeit, nur um sich den Magdeburger zu angeln. Sodass jetzt vorübergehend, wenn auch ohne eigenes Dazutun der Herr Sohn zur eigenen Überraschung von sich behaupten kann, endlich auch einmal „der Herr im Hause" zu sein.

Die späteren Turbulenzen zwischen den vier Beteiligten scheinen ein unentwirrbares Knäuel zu bilden. Statt des Hannes will die Schwarze den Gesellen. Hannes, trotz aller Angst vor ihr, reklamiert sie lautstark als seine Braut. Der Geselle hat es jedoch nicht auf die Schwarze, sondern auf Sannel abgesehen. Die ihrerseits will ihn gar nicht, sondern liebt heimlich den Hannes.

Unnötige Längen wie etwa gleich zu Beginn das nächtliche Gespräch zwischen Sannel und Hannes finden sich im weitern Verlauf kaum noch. Schließlich erreicht *Aus dem Regen in die Traufe* noch nicht einmal ein Drittel des Textumfanges der *Heiteretei*.

Die Stoffverwandtschaft zwischen beiden Erzählungen gibt sich höchst peripher. In der einen nimmt Schneider Bügel die Heiteretei ins Visier, in der anderen wird er bedauert ob „der Tyrannei einer baumlangen Mutter". Das ist dann freilich auch schon alles.

Im Endergebnis darf sich der höchst einfältige Hannes noch dazu beglückwünschen, in der Gemeinschaft mit der ihn liebenden Sannel und einer dauerhaft gezähmten Mutter besseren Zeiten entgegensehen zu dürfen. Seine Aktion könnte er auch betiteln: „Wie treibe ich den Teufel mit Beelzebub aus?" Es sei ihm gegönnt, dass er für diesmal mit dem blauen Auge davongekommen ist.

5. Zwischen Himmel und Erde

In einem thüringischen Städtchen führt der alte Herr Nettenmaier einen Dachdeckerbetrieb, den er eines Tages seinen beiden höchst unterschiedlichen Söhnen Fritz und Apollonius übergeben will. Seinem Zweitgeborenen befiehlt er, für einige Jahre ausbildungshalber nach Köln zu gehen, wo ein Vetter ebenfalls ein Dachdeckergeschäft betreibt.

Beide Brüder werden gleichsam heimgesucht von ihrer starken Neigung zu einem schönen Mädchen in dem Städtchen. Fritz macht Christiane selbstsicher und geradezu den Hof. Anlässlich des pfingstlichen Schützenfestes unmittelbar vor seiner Abreise nach Köln fühlt Apollonius mehr denn je „sich im Umgang mit Mädchen und Frauen befangen und wußte nicht mit ihnen zu reden." So befallen ihn denn auch Hemmungen, Christiane zu gestehen, was er für sie empfindet.

Bei dem Vetter in Köln vervollkommnet Apollonius zu dessen großer Zufriedenheit seine Dachdeckerfähigkeiten und verliert infolge der „heilenden Wirkung emsigen und bedachten Schaffens" sein bisher „träumerisches Wesen immer mehr. Nach sechs Jahren in Köln war aus dem träumerischen Knaben ein Mann geworden." Als ihm jedoch der Vetter eine seiner ansehnlichen Töchter zur Heirat gleichsam anbietet, lehnt er ab, dabei sich bewusst werdend, dass er seine Gefühle für Christiane immer noch nicht überwinden konnte. Da ruft ihn der inzwischen erblindete Vater heim nach Thüringen, weil am Georgenturm des Städtchens eine besonders knifflige Dachreparatur zu bewerkstelligen wäre.

Beim Betreten des Vaterhauses bewegt ihn bezüglich Christianes, die inzwischen den Bruder Fritz geheiratet hat und damit seine Schwägerin geworden ist, nur die eine bange Frage: „Wird mir's gelingen, ihr Bruder zu werden, die mir jetzt eine Schwester ist?" Anlässlich der Begrüßung lässt sie im Gegensatz zu dem sich jovial gebärdenden Fritz keinerlei Herzlichkeit spüren und findet für den Heimkehrer nur wenig Worte. Am Abend findet im Städtchen ein

Ball statt, auf dem sich Fritz so richtig austoben kann. Obwohl von den Nachbarn herzlich begrüßt, bietet Apollonius auf der Tanzfläche „ein steifes Bild dagegen."

„Am nächsten Morgen mußte er wissen, was er hier sollte, mußte sein Verhältnis zum Vaterhaus ein klares sein. War keine Arbeit für ihn, so sah ihn der Morgen auf seinem Rückweg nach Köln."

Doch just an diesem Tag finden sich alle städtischen Ratsbauleute zusammen, um den Umfang der Reparatur des höchst sanierungsbedürftigen Daches der Kirche Sankt Georg und deren Turmes zu bestimmen. Während Fritz sich nur mit „einigen kleinen Flickereien" begnügen will, fordert Apollonius unter Hinweis auf die erheblichen Dachschäden eine umfassende, durchgreifende Reparatur, zumal die letzte bereits 80 Jahre zurückliegt. Der Ratsbauherr fordert von Apollonius ein Gutachten an, das dieser gründlich und gewissenhaft abfasst. Das Gutachten überzeugt die Stadtverwaltung so, dass sie ihm „die ganze Leitung der Reparatur" an Sankt Georg übertragen will. Auf Apollonius' besonderen Wunsch hin – er will nicht seinen sich zurückgesetzt fühlenden Bruder kränken – entscheidet sie sich für ein „zweiköpfiges Regiment" der Brüder.

Im Gegensatz zu Fritz, der immerfort Zerstreuungen sucht, erledigt und überwacht Apollonius unermüdlich von früh bis abends die Reparaturarbeiten an St. Georg. Den Bauarbeitern gegenüber verfügt nur er allein über die „Würde der Persönlichkeit". Über den Ratsbauherrn erfährt Apollonius nach und nach einiges über Fritzens Lebenswandel und Geschäftsgebaren: „Hier und da in der Stadt war der Bruder nicht unbedeutende Summen schuldig. Das Schiefergeschäft war, besonders in der letzten Zeit, so saumselig und ungewissenhaft betrieben worden, dass manche vieljährige Kunden bereits abgesprungen waren. Und Andere im Begriff standen, es zu tun." Sehr bald begreift der Heimgekehrte, dass eine langwierige Geschäftssanierung ebenfalls auf ihn zukommt. Und selbst der Ratsbauherr ahnt, dass nur nimmermüder Fleiß und das Durchhaltevermögen des Apollonius den Nettenmaierschen Betrieb noch einigermaßen aufrecht erhält.

Doch Christiane geht ihm unverändert aus dem Weg. Sie stutzt freilich, wenn ihr das kleine Ännchen, ihre und Fritzens Tochter, erzählt, der Onkel schaue der Mama immer so traurig nach. Langsam geht ihr die heimtückische Falschheit ihres Mannes auf. Alsbald „wußte sie, daß er sie und Apollonius bewachen ließ." Eines Abends, als Fritz ins Wirtshaus gegangen und ausnahmsweise vergessen hatte, sein Schreibpult abzuschließen, findet sie in demselben die an ihn gerichteten Briefe des Apollonius. Jetzt begreift sie, dass der eigene Mann in jahrelanger Verlogenheit systematisch einen Keil des Entfremdens zwischen sie und den Schwager getrieben hat. Sie „breitete die Briefe auf dem Tisch aus, dann ging sie zur Ruhe. Ihr Besitzer sollte wissen, wenn er heimkehrte und die Briefe fand, sie hatte sie gelesen."

Konsequenz: „Die gegenseitige Entfremdung der Gatten nahm mit jedem Tage zu." Offenbar auch infolge der dauernden Streitereien ihrer Eltern erkrankt das kleine Ännchen schwer; als Fritz seiner Frau mit der Faust derart ins Gesicht schlägt, daß sie zu Boden stürzt, übersteht das Kind jenes Schockerlebnis nicht. Bald wird es sterben.

Was soll Schwager Apollonius in solch unheilvoller Lage unternehmen? „Aus dem Mitleid mit der gequälten Frau, die um ihn gequält wurde, blühte die Blume der Jugendliebe wieder auf und entfaltete sich von Tag zu Tag mehr. – Er fühlte sein Herz erkalten gegen seinen Bruder. Es trieb ihn, die Frau zu schützen. Aber er wußte, seine Einmischung gab sie nur härteren Mißhandlungen preis." So flüchtete er sich noch intensiver in seine Kirchendachreparaturen und „war fleißig bei der Arbeit."

Eines Tages soll Apollonius seine Schieferdeckerei an St. Georg unterbrechen und im benachbarten Brambach eine kleine Dachreparatur ausführen. Kurz danach schwirrt ein Gerücht durch die Straßen des Städtchens: „Ein Schieferdecker ist verunglückt in Brambach. – Ein Seil ist zerrissen." Der alte Vater Nettenmaier, der in Erfahrung gebracht hat, das gerissene Seil sei mit Beilstichen geschädigt worden, vermutet in seinem Erstgeborenen den Täter, lässt sich deshalb auf den Turm von St. Georg hinaufführen, wo er den oben plötzlich wie besessen hämmernden Fritz als Mörder seines Bruders anklagt; denn „der Nachbar hat Dich in den Schuppen zu dem Seil schleichen sehen." Deshalb fordert der alte Vater seinen Sohn auf, sich nun selbst vom Turm zu stürzen. Der Polizei werde er klar machen, es wäre ein reiner Unglücksfall gewesen. So wäre wenigstens die Berufsehre des Hauses Nettenmaier gerettet. Als der Alte kurz danach erfährt, Apollonius wäre in Brambach gar nicht abgestürzt, verlangt er von Fritz, er solle unverzüglich nach Amerika auswandern: „Du hast seit Jahren nichts für Weib und Kind getan; ich sorge für sie. Vor Tagesanbruch bist Du auf dem Weg." Obwohl inzwischen feststeht, dass ein früherer Geselle das lädierte Seil im Schuppen der Nettenmaiers gestohlen, nach Tambach – Ortsverwechslung! – mitgenommen hat und anlässlich einer dort auf eigene Faust begonnenen Dachreparatur infolge Durchreißens des Seiles abgestürzt ist.

Auf die Falschnachricht vom Tode des Apollonius' hin fällt Christiane – „Er ist gestorben, und ich muß auch sterben" – in Ohnmacht. Der in diesem Moment heil zurückkehrende Schwager fängt die Hinsinkende auf: „Da stand er und hielt das schöne Weib in seinen Armen. Das Weib, das er liebte, das ihn liebte. Und sie war bleich und schien tot." Nach Christianes Wiedererwachen entdecken sie endlich wechselseitig, wie Fritz sie jahrelang belogen, getäuscht, gegeneinander aufgehetzt hatte und hat. Und sie warnt ihn: der eigene Bruder wolle ihm nach dem Leben trachten.

In der nächsten Nacht träumt Apollonius, oben auf dem Georgsturme kämpfe er und der Bruder um Christiane.

Früh steigt er wie gewohnt im Turm hoch zu seiner gefährlichen Dachdeckerarbeit. Was er nicht weiß: Fritz hat seine Abreise in die Fremde nur vorgetäuscht. Heimlich und unerkannt kommt er in das Städtchen zurück. Und besteigt ebenfalls den Turm, um den verhassten Bruder hinabzustürzen. Oben kommt es zum erbitterten Zweikampf. Dabei stürzt Fritz selbst in die Tiefe. „Da rasselte das Getriebe der Uhr tief unter ihm." Der Glockenhammer „schlug Zwei. Zwei Schläge! Zwei!"

Nach dem Tod des Bruders nimmt das Nettenmaiersche Schieferdachgeschäft infolge der Tatkraft des Apollonius einen stolzen Aufschwung. Als nunmehr alleiniger Leiter der Dachreparaturarbeiten erschrickt er jedoch auf dem Turm jedes Mal, wenn Uhr und Glocken anschlagen. Erstmals suchen ihn dabei Schwindelanfälle heim: „Er machte noch Versuch über Versuch. Er bestieg alle Dächer und Türme mit seiner alten Sicherheit. nur zu St. Georg wohnte der Schwindel." Hätte er nicht doch noch damals den Bruder in allerletzter Sekunde vor dem Absturz bewahren können?

Und Christiane nun als frische Witwe? „Sie hätte ihn gern erheitert, aber sie suchte seine Nähe nicht." Und er? „Er war immer freundlich und voll ritterlicher Achtung gegen sie." Was er darüber hinaus für sie empfand, ließ sich dennoch nicht verdrängen. Und wenn er noch so sehr dagegen aufbegehrte: „Seit das Weib des Bruders in seinen Armen gelegen hatte, führte er ein Doppelleben."

Da befiehlt ihm der alte Vater, umgehend Christiane zu heiraten. Denn nach seinem übersteigerten Ehrbegriff konnte nur so „Apollonius ohne Schande der jungen schönen Witwe und ihrer Kinder Schützer und Erhalter sein." Sie erkannte wohl, dass sich der Schwager gegen die ihm aufgezwungene Verlobung und Hochzeit sträubte. Was sie nicht erkennen konnte: Mehr und mehr verstrickte sich Apollonius in den Selbstvorwurf, ob er oben auf dem Georgenturm den Absturz des Bruders nicht doch noch im letzten Augenblick hätte verhindern können.

In der Nacht vor dem anberaumten Verlobungstag sucht ein höllischer Schneeorkan das Städtchen heim. „Der Sturm brauste und pfiff wie mit der Wut eines Tigers. Blitze über dem Kirchturm von St. Georg." Und einer von ihnen zündet tatsächlich. „Feuer, Feuer", schreien die Stadtbürger, schreien sogleich nach dem Einzigen, dem sie zutrauen, den Brand oben zu löschen und ein Übergreifen des Feuers auf die zumeist hölzernen Bürgerhäuser rings um die Kirche zu verhindern. Apollonius steigt hoch, schlägt auf dem Turmdach die bereits glühenden Schiefer los und löscht den Brandherd. „Da rasselte das Getriebe der Uhr tief unter ihm. Es schlug Zwei. Zwei Schläge! Zwei! Und er stand und stürzte nicht." Doch statt Stolz erfüllt ihn nur das Gefühl einer Dankbarkeit: „Er hatte die Stadt, an der er mit ganzer Seele hing, er allein von der furchtbarsten Gefahr befreit." Doch da zündete ein Blitz nochmals im Georgenturm. Nochmals Feuer! Diesmal ein noch exponierterer Brandherd. „Und die Leiter hing und schaukelte hoch oben mit dem Manne, der daran hinaufklomm, vom Schnee umwirbelt, von Blitzen umzuckt." Der ungezählten Menschen unten auf dem Platz rings um die Kirche bemächtigt sich eine unerträgliche Spannung. Zitternd und bebend verfolgen sie, wie Apollonius auch diese Brandlohe löscht. Unten ein tausendfacher Schrei der Bewunderung und Erlösung: „Die fremdesten Menschen fielen sich in die Arme." Und stimmten schließlich tausendfach den berühmten Choral an „Nun danket alle Gott" Fürwahr: die gesamte Stadt wurde zu „einer einzigen großen Kirche, und Sturm und Donner die riesige Orgel darin."

Als dann Apollonius endlich unten den Georgenturm verließ, wurde er von der jubelnden Menge fast erdrückt.

Noch in der gleichen Nacht wird zu seinen Gunsten eine Spendensammlung veranstaltet. Den dadurch zusammengekommenen immensen Betrag vermacht er der Stadtverwaltung, die davon ein stattliches Bürgerhospital errichten kann. Die ihn nach durchgestandenen höllischen Ängsten begegnende Christiane „küßte er leise auf die Stirn und nannte sie mit dem Namen Schwester."

Nur der alte Vater Nettenmaier erbost sich über die unveränderte Weigerung seines Sohnes zu heiraten. Und stellt ihn vor die Wahl, zu heiraten oder zurück nach Köln zu gehen. Als er aber die nicht abreißenden Lobeshymnen auf seinen Sohn vernimmt, als sogar die Stadtväter für dessen Weigerung Verständnis zeigen, „verlangte er von Apollonius keine Unterwerfung mehr." Wehmütig respektiert Christiane die Distanz, die ihr Schwager unverändert zu ihr hält. „Sie konnte gute Partien machen; es meldeten sich stattliche Bewerber um sie. Er wies die Anträge, sie die Freier zurück."

Über dreißig Jahre später im Gärtchen des Nettenmaierschen Anwesens. Apollonius, der nunmehr „alte Herr sieht sinnend nach dem Turmdach von Sankt Georg; das schöne Matronengesicht lauscht durch das Bohnengelände nach ihm hin."

„Der Mensch soll nicht sorgen, daß er in den Himmel, sondern daß der Himmel in ihn komme."

※※※※※※

Vorliegende Inhaltsangabe entspricht rein chronologisch nicht der Textfolge. Deren Beginn und deren Schluss bringen dem Leser die – nach dreißig Jahren – gealterten Liebesleute Apollonius und Christiane nahe. Mittendrin das – dreißig Jahre zuvor – sich in dem Städtchen abwickelnde Geschehen nach der Rückkehr des Apollonius aus Köln bis zum Absturz des Fritz, bis zur Rettung der Stadt in jener Orkannacht. Bevor der aus Köln heimkehrende Apollonius nach sechs Jahren sein Vaterhaus betritt, überkommt ihn in einer Rückblende die Erinnerung auf die Ereignisse im Städtchen vor seinem damaligen Reiseantritt. Der Erzählung ist solche zeitliche Verschachtelung durchaus gut bekommen. Und dennoch muss eine Inhaltsangabe unvollständig bleiben, wenn nicht näher auf die Untatenserie des Fritz Nettenmaier eingegangen wird, der ja bis zu seinem Tod das Schicksal der Seinigen entscheidend bestimmt hat.

Zwei Brüder lieben das gleiche Mädchen. Wenn sie dann auch noch wie hier charakterlich so verschieden sind, liegt eine Katastrophe von vornherein auf der Lauer.

Schon äußerlich: Gegensätzlich zu der großen schlanken Erscheinung des Bruders wirkt Fritz als „untersetzter Herr", als „wohlgenährte kurze Gestalt". Doch noch weit gegensätzlicher die sehr bald transparent werdenden Verhaltensweisen der beiden. Dem immerzu vornehm sich zurückhaltenden Apollonius offenbart Fritz ganz unverblümt: „Du meinst, ich soll sein wie Du? Fromm und geduldig? Ich bin ein anderer Kerl. Und wird mir ein Strich durch die Rechnung gemacht, muß ich mich austoben."

Sehr bald geht ihm auf, dass Christianes Neigung nicht ihm, sondern dem Bruder gilt. Da erweist sich sogleich seine Raffinesse, wenn er dem gehemmten, tanzunlustigen Apollonius in einem jener Pfingstfestsäle vorflunkert: „Von nun an soll sie keinen Reigen tanzen als mit mir. Damit kein Anderer Dir in die Quere kommt. Ich weiß mit den Mädels umzugehen. Laß mich machen für Dich!"

Dem Bruder erklärt er, gleichsam für ihn bei Christiane geworben zu haben. Doch sie wolle – leider – nichts von ihm wissen. Vielleicht sollte er deshalb vorübergehend das Städtchen verlassen. „Wenn ich ihr sage, du bist um ihretwillen in die Welt gegangen, wird sie sich vielleicht bekehren. Glaub' mir, ich kenne, was lange Haare trägt, und weiß damit umzugehen. Du schreibst ihr einen beweglichen Brief zum Abschied, den bekommt sie durch mich, und ich will ihr schon das Herz weichmachen."

Und mit fast schon diplomatischer Überzeugungsarbeit bringt er beider Vater, den Betriebschef, den alten Herrn Nettenmaier dazu, Apollonius für einige Jahre auf Wanderschaft zu schicken; Anlaufstelle: ein Vetter in Köln.

Beim Abschied versichert Fritz dem Bruder, auch weiterhin wolle er für ihn bei Christiane werben, ihr auch seinen Brief übergeben. Sollte ein Erfolg ausbleiben, wäre das auch nicht so schlimm: „Der Vetter in Köln soll paar schöne Töchter haben." Bei denen solle der Bruder endlich sein „blödes Wesen" ablegen: „Was soll ein rasches Mädel mit einem Träumer anfangen?"

Fritzens ihn in Köln erreichenden Briefe kann nun Apollonius entnehmen, dass eine Neigung zu Christiane ohne Hoffnung sei, weil dieselbe ihn, Fritz, liebe. Und da wären auch schon deren Vater und der eigene Vater Nettenmaier übereingekommen, dass sie heiraten. Sollte er, Fritz, sich da „dem Willen des Vaters entgegensetzen um Apollonius' willen, also um einer Liebe willen, die ohne Hoffnung war?" Einige Jahre später meldet Fritz dem Bruder außer der Erblindung des Vaters, in seiner Ehe habe sich Kindersegen eingestellt. Ob er, Apollonius, sich nicht endlich in eine von des Vetters Töchtern in Köln verliebt habe?

Fritz versucht, den Bruder von der Heimat fernzuhalten. Denn dessen Wiedersehen mit Christiane käme einer „unnützen Quälerei" gleich. Deren „Widerwillen" gegen ihn habe er in den letzten Jahren leider vergebens bekämpft.

Als sich nach nunmehr sechs Jahren Abwesenheit wegen der Kirchendachsanierung von St. Georg die Heimkehr des Bruders nicht mehr verhindern lässt, begrüßt ihn Fritz im Vaterhaus mit überschwänglich lauter Freude. Auch die Kinder frohlocken ob des heimgekehrten Onkels. Nur Christiane begrüßt ihn „mit keinem Laut".

Nachmittags besuchen sie zu dritt einen Ball. Fritz traktiert die Gäste großzügig mit Champagner, tanzt aber nur mit Christiane: „Die Schönste unter den Schönen, wie er der Jovialste unter den Jovialen." Und er ist und bleibt eben einer, „der die Welt kennt und mit der Art umzugehen weiß, die lange Haare hat und Schürzen trägt." Dann verlässt er mit Christiane vorzeitig das Ballfest, weil die Ballgäste den noch immer etwas gehemmt wirkenden Apollonius mit Freude willkommen heißen, so dass er sich „immer mehr bewundert und geehrt" fühlen muss.

Verärgert muss Fritz auch zur Kenntnis nehmen, dass der Bruder inzwischen das Dachdeckerhandwerk glänzend beherrscht, dass die Gesellen, die Bauarbeiter diesen für fachlich weit kompetenter halten als ihn selbst. Was dann mittelbar einen Schwund seiner bisherigen Autorität nach sich zieht. Um so hektischer stürzt er sich in seine Vergnügungen. Während das Dachschiefergeschäft, da von ihm nur lax geführt, eine bedenkliche Rückläufigkeit aufweist.

Fritzens Doppelzüngigkeit zeigt sich beispielsweise auch darin, dass er auf der einen Seite seinem Bruder die Bürgerstochter Anne Wohlig aufdrängen will, auf der anderen Christiane prophezeit. „Wir werden ihn bald loswerden, denk ich. – Es ist kein Platz für zwei Haushalte hier, Und die Anne ist weiten Raum gewöhnt." Der angebliche Platzmangel in dem geräumigen Nettenmaierschen Hause ist nur vorgeschoben. Fritz will den Bruder ganz loswerden. Als Christiane zufällig ein Gespräch der Brüder belauscht, in welchem Fritz im deutlichen Gegensatz zum Bruder jene Anne unbegründet madig macht, drängt sich ihr erstmals die Erkenntnis auf: „Alles war Lüge gewesen, von Anfang an.

Ihr Gatte verfolgte Apollonius, weil er (Fritz) falsch war, und Apollonius brav." Schon damals, noch vor dessen Abreise nach Köln.

Der Ton im Hause wird ungemütlicher. „Fritz Nettenmaier mußte seine neue Scheidemauer aufbauen, ehe er den Bruder zu seinem Weibe führte. – Er kannte das starke Ehrgefühl seiner Frau wie die bis zum Eigensinn feste Redlichkeit des Bruders." Als er ihr gegenüber auf des Bruders angebliche Scheinheiligkeit anspielt – er mache die Anne in sich vernarrt, verspotte sie aber bei anderen Leuten – steht sie erregt auf: „Du könntest das tun. Er nicht!" Und setzt jetzt noch eins drauf: „Alles hast Du gelogen", belogen ihn und mich. Das kleine Töchterchen aus der Ehe offenbart dem Bruder: „Onkel, die Mama ist nicht mehr so bös auf Dich." In aufsteigendem Zorn darüber beschuldigt Fritz seine Frau, sie schleiche dem Schwager verliebt nach. Was sie zutiefst kränken muss.

Als seine Schuldenmacherei so richtig offenbar wird: „Er haßte sich selbst in Apollonius und haßte ihn darum um so mehr, je hassenswerter sein eigenes Tun ihm erschien." Doch das änderte nichts an den blamablen Fakten: „Das Vermögen der Frau war zum größten Teile vertan. Apollonius mußte den Bruder zwingen, die Reste davon herauszugeben. Er mußte ihm mit den Gerichten drohen." Nur zu deutlich merkt Fritz, dass es um ihn eng wird: „Danach gestaltete sich sein Benehmen gegen Apollonius als unverhehlter Trotz oder als kriechend lauernde Verstellung." Bei seinen Kneipenkumpanen reißt er ihn herunter. Seiner Frau kürzt er das ihr zukommende Wirtschaftsgeld.

Doch der wundeste Punkt ist und bleibt Christianes zunehmende Verehrung für den tüchtigen, charaktervollen Schwager. Sein zunehmender Zorn auf sie überträgt sich auch auf die Rohheiten, die er sich gegenüber seinen kleinen Kindern mehr und mehr herausnimmt. „An der Frau selber sich zu vergreifen, wagte er noch nicht." Noch nicht! Doch während einer heftigen Streiterei zwischen den Eheleuten tritt Apollonius zufällig in die Stube. Fritz packt brutal Christiane; der Bruder befreit seine Schwägerin aus seinen Fäusten. Fritz „war nie seiner Herr gewesen; jetzt war er es weniger denn je." Es tobte nur noch in ihm. „An seiner Frau hängt er nur noch durch die glühende Kette der Eifersucht gefesselt. An dem Vater hat er nie gehangen. Den Bruder haßt er. Er haßt und weiß sich gehaßt. Oder glaubt sich gehaßt in seinem Wahn."

Ännchen, das Töchterchen, ist schwer erkrankt. Christiane wacht an ihrem Bettchen. Weil Apollonius zuvor das Kind an dessen Lager besucht hat, bricht nun ohne ernsthaften Anlass die schon lange auf dem Grund seiner Seele lauernde kriminelle Energie in Fritz los: „Er war da! War er nicht da? Seine Faust hebt sich geballt. Ännchen kämpft, sich aufzurichten. Er sieht es nicht. Die Frau sieht er. Ihre Angst wächst. Er sieht um ihr Erschrecken. Die Faust fällt nieder auf ihre Stirn. Ein Schrei klingt auf. Das Kind rollt sich in Krämpfen zusammen. Die Mutter, über es hingestürzt, weint laut." Erst war es nur eine Möglichkeit: „Der Anblick seiner Rohheit", da „konnte der Schreck dem kranken Kinde den Tod bringen." Nun ist es Wirklichkeit: „Der Zwist der Eltern hatte das Kind krankgemacht. Schmerz über die wilde Tat des Vaters an der Mutter hatte ihm das kleine Herz gebrochen. Des kleinen Ännchens Seele hatte sich zu einem besseren Vater gerettet." Apollonius „mußte das Begräbnis des kleinen Ännchens besorgen; Fritz kümmerte sich nicht darum."

Doch des Unholds Verbrechensbahn ist damit nicht zu Ende. Für ihn offenbart sich die Existenz des Bruders mehr denn je als die Quelle allen Übels. Nicht so sehr sein eigenes „fluchvoll schönes Weib", dem er jetzt mit überraschender Freundlichkeit begegnet. Draußen in seinem Schuppen trifft er eher zufällig auf ein langes Seil und auf ein Beil dazu: „Drei, vier Stiche mit dem Beil im Kreise um das Tau, kaum zu sehen, werden zu einem einzigen großen Riss, wenn das Gewicht eines starken Mannes am Tau zieht, und die wuchtende Bewegung des Fahrzeuges um den Turm das Gewicht des Mannes vergrößert. Wer sieht den Stichen an, daß sie absichtlich gemacht sind?"

Fritz hat freilich die Rechnung ohne den Wirt gemacht, in diesem Falle ohne den reinen Zufall. Im Gefolge von Reparaturen stürzt durch den unausweichlichen Seilriss nicht Apollonius, sondern ein anderer Schieferdecker, der ihm dieses Tau aus dem Schuppen entwendet hatte, vom Dach. Der schnell aufkommende Verdacht gegen Fritz lässt sich nicht bis zur Strafverurteilungsreife erhärten, bestimmt aber den um seine Geschäfts– und Handwerkerehre tief besorgten alten Vater zu dem Befehl, Fritz solle unverzüglich nach Amerika auswandern.

Erst will er sich dem Vater fügen. Doch dann tritt ihm Apollonius vor das innere verzerrte Gesicht. Dieser tausendmal verdammte Bruder, der immer noch am Leben ist! "Nein! Er wollte bleiben! Er mußte bleiben!" In der nächsten Nacht will Fritz Abschied von seinen bereits schlafenden Buben nehmen. Die wachen auf und wehren ihn ab: „Die Mutter hab ich lieb, den Onkel Lonius hab ich lieb; Dich mag ich nicht." Da lacht er „in wildem Hohne und schluchzt zugleich in hilflosem Schmerz. Die Kinder sind ja nicht mehr sein. Er ist ja ihr Vater nicht mehr. Der Andere, der ihm alles genommen, hat ihm auch die Kinder genommen. – Und dieses schöne Weib hier mit dem Engelsantlitz! Sie kann die Stunde nicht erwarten, wo ich gehe."

„Nein! Ich will nicht gehen! Nein! Ich kann nicht gehen! Lieber tausendmal sterben!" Und so steigt er denn am nächsten Tag, statt sich auf die ihm aufgezwungene Amerikareise zu begeben, ebenfalls auf den Georgenkirchturm. Dessen Dach zu reparieren Apollonius im Begriffe ist. Den will er hinabstoßen. Zweikampf zwischen den Brüdern. Dabei Fritzens Todessturz. „Tief unten hört man den Fall eines schweren Körpers auf dem Straßenpflaster."

„Der alte Herr Nettenmaier erriet: der verlorene Sohn hatte den Tod absichtlich gesucht. Er fand, es war gut so. Alles bewies ihm, der Unglückliche wollte die Ehre seines Hauses schonen. – Die Gerichte fanden keinen Anlaß, untersuchend einzuschreiten. und die Gefahr, die der Ehre der Familie gedroht hatte, ging glücklich vorüber."

Würde der Stoff dieser Erzählung – was unsinnig wäre – dramatisch gestaltet, würde Fritz Nettenmaier als Folge seines Psychogramms zum – natürlich negativen – Helden des Bühnenstückes aufsteigen. Hierzu lässt sich leicht erkennen, dass nur er es ist, der die Fäden der Handlung zieht, dass er deren Verlauf nach Lust und Laune bestimmt, dass mit seinem Tod im Grunde genommen die Erzählung ihr Ende findet. Im Gegensatz zu Bruder und Frau macht er eine innere Entwicklung durch. Freilich zum Kriminellen hin: der anfangs nur heimtückisch Täuschende wächst hinein in die Dimensionen des Mordes. Auch dann, wenn Personenirrtum (Dachdecker in Tambach), das nur mittelbare Moment (Ännchen) oder der bloße Versuch (Bruder) strafmildern zu bewerten wären. Dass der Mordbube am Turm von St. Georg zuletzt tatsächlich abstürzt, dürfte seitens des Lesers als gerechter Ausgleich des Schicksals gewertet werden.

Christiane und Apollonius ihrerseits machen nur scheinbar eine Entwicklung durch. Von Anbeginn an lieben sie sich im Stillen, werden infolge Fritzens Intrigen auseinandergebracht oder gegeneinander aufgebracht und lieben sich nach dessen Hinscheiden wieder im Stillen wie zuvor.

Die Kapsel mit der Blume wandert wie ein Dingsymbol durch die Erzählung. Anlässlich des Tanzfestes ganz am Anfang hatte sie, das junge Mädchen, eine Blume gepflückt und für ihn auf eine Bank gelegt. Glückselig hatte er diese an sich und mit nach Köln genommen. Von dort aus hatte er die Blume in einer Kapsel dem Bruder in die Heimat geschickt, als er von dessen Heirat mit Christiane erfuhr. Nach Fritzens Tod nahm sie die Kapsel endgültig an sich. Und jetzt nach mehr als dreißig Jahren liegt bei ihr die Kapsel mit der längst verwelkten Blume darinnen unverändert neben Bibel und Gesangbuch „so heilig wie diese".

Zwei Brüder in unversöhnlicher Rivalität um die Gunst desselben Mädchens? Mit der *Braut von Messina* lässt sich solches Zentralproblem vorliegender Erzählung nicht vergleichen. Im Gegensatz zu Schillers Don Manuel bleibt Apollonius glücklicherweise am Leben.

Die Personen sind auch diesmal von einer nicht mehr zu überbietenden psychologischen Meisterschaft erfasst. Man ist versucht, noch mehr entsprechende Beispielpassagen aufzuzählen. Doch dann läuft man fast Gefahr, gleich die ganze Erzählung im Zitat wiederzugeben.

Befremdlich bleibt lediglich – jedenfalls für uns Heutige – die keinen Widerspruch duldende Herrschaftsgewalt eines Vaters wie des alten Nettenmaiers gegenüber seinen bereits erwachsenen Kindern: Sein Befehl, gleich am nächsten Morgen nach Köln abzureisen oder gar nach Übersee auszuwandern. Oder sofort in die Heimat zurückzukommen. Oder umgekehrt: „Du bleibst! Hörst Du?" Sogar jenes Kommando ertönt, unverzüglich eine bestimmte Frau zu heiraten.

Wie in den beiden anderen Meistererzählungen durchziehen leitmotivische Sätze auch hier den Text. Beispielsweise: „Es war ein wunderlich schwüles Leben in dem Hause mit den grünen Fensterläden." Das sich später abwandelt in: „Immer dunkler, immer schwüler wurde das Leben in dem Hause mit den grünen Läden, seit das kleine Ännchen daraus fortgetragen war." Oder das ohnehin naheliegende: „Zwischen Himmel und Erde ist des Schieferdeckers Reich", später modifiziert: „Es ist gefährlich, das Schieferdeckermeisterhandwerk zwischen Himmel und Erde." Da sei auch nicht vergessen des Dichters zweimalige treffende Beschreibung von Dachdecker–Reparaturarbeiten aus technischer Sicht hoch oben am Georgenturme.

Die Frage allerdings, die sich fast alle Leser am Schluss dieser Erzählung stellen werden, lautet: Warum hat Apollonius nach dem Tod seines

Bruders nicht um seine Schwägerin Christiane gefreit? Nichts liegt doch näher als dies, wenn beide nach den klaren wiederholten Textaussagen von Anbeginn an eine tiefe wechselseitige Zuneigung zueinander verbindet. „Seit er die Hoffnungen seiner Jugendliebe und damit diese selbst aufgegeben hatte, war ihm der Gedanke des eigenen Hausstandes fremd geworden." Also ein eingefleischter Junggeselle? Doch das wäre zu kurz gegriffen. Spätestens dann und dort, als er die Ohnmächtige in seinen Armen hält, bricht ja die alte Leidenschaft wieder auf. Eine von Schuldkomplexen stigmatisierte? Eine schuldauslösende? Der Dichter bevorzugt eine andere Motivierung: Apollonius wäre in seinen Gefühlen gegenüber Christiane nach Fritzens Todessturz deshalb gleichsam blockiert, weil er denselben in letzter Sekunde vielleicht doch noch hätte verhindern können. Was der entsprechenden Textpassage zufolge vollkommen unmöglich war. Belastende Schuldgefühle in dieser Richtung überzeugen denn auch nicht. Des Rätselratens über des Überlebenden Abstinenz jedenfalls kein Ende! Und Christiane musste ihm ja unverändert begehrenswert erscheinen: „Dem Leibe nach Gattin und Mutter, ist ihre Seele ein Mädchen geblieben." Vielleicht lässt sich die unerklärlich unbeugsame Distanzhaltung des Apollonius nur aus der Lebenshaltung des Dichters in seinem letzten Lebensjahrzehnt herleiten. Als er so starr wie stur in seinen Shakespearestudien versank. Ohne ein eigenes dramatisches Meisterwerk auf die Bühne zu bringen. Nur noch verbissen theoretisierte, statt seine poetische Kraft in konkrete Schöpfungen umzusetzen.

Gleichwohl: die zarte, verhalten innige und schließlich stürmische Liebe zweier edler Naturen zueinander, die keine Erfüllung findet, rührt den Leser zutiefst an. Ein fast märchenhafter Zauber breitet sich über dem Ende aus, der sich in wonnevolle Wehmütigkeit auflöst. Das wird es wohl sein, was den Poetischen Realismus gerade in dieser dennoch auch von hochdramatischer Wucht durchsetzten Erzählung kulminieren lässt und über anderthalb Jahrhunderte auch heute noch unverändert ergreift. Vielleicht hat dies der Autor ganz bewusst einkalkuliert.

Sind die *Heiteretei* und *Aus dem Regen in die Traufe* zwanglos der Gattung Novelle zuzuordnen, so verleitet vor allem um seines Prologes und Epiloges willen Zwischen Himmel und Erde (1855) zur Subsumierung unter die Kategorie Roman. Doch der hier vermittelte Zeitablauf von über dreißig Jahren täuscht. Trotz aller poetischen Verzauberung lassen sich Anfang und Ende wegdenken. Die wenigen Geschehnisse vor des Apollonius' Reise nach Köln wiegen trotz des Bedeutsamen zu leicht, um den Gesamtbericht ernstlich zweizuteilen. Die wirkliche Verwicklung vollzieht sich in den wenigen Wochen seit dessen Rückkehr bis zum Todessturz des Fritz. Selbst die ‚Apotheose' des Heimkehrers anlässlich seiner Rettung der Stadt hoch oben auf dem brennenden Georgskirchenturme ist – streng genommen – überflüssig, so hinreißend sie auch geschildert ist. So wird man also auch *Zwischen Himmel und Erde* den Novellen zuordnen müssen. Und wohl als die glanzvollste jener binnen zweier Jahre geschaffenen ansehen können.

IV. Dramen

1. Frühe Dramen

1.1. Hanns Frei

Otto Ludwig, der Zeit seines Lebens auf dem dramatischen Sektor nur Trauerspiele schrieb und zum Schluss sich in Shakespeares tragödialer Welt verfing, eröffnet (Leipzig 1843) die Reihe seiner Bühnenstücke mit dem Lustspiel *Hanns Frei*, einem Fünfakter geschrieben in vierfüßigen gereimten Jamben. Was nun doch, wie er selbst zugegeben, sehr an Hans Sachs gemahnt; und in den Gärten der beiden Nürnberger Ratsherren Theophil Pirkheimer und Sebaldus Moskirch spielt sich denn auch die Handlung ab.

Mit den genannten beiden Ratsherren weitläufig verwandt, findet sich Landsknechtshauptmann Hanns Frei in deren Anwesen zu einem Zeitpunkt ein, in welchem die Alten Sohn Albrecht Pirkheimer mit der Enkelin Engeltraut Moskirch fast gewaltsam verloben wollen. Die beiden mögen sich durchaus nicht. Mit Unterstützung der Moskirch–Cousine Felicitas versucht Frei, die Animositäten und Vorbehalte der beiden jungen Leute zueinander abzubauen. Doch Albrecht bleibt dabei: „An ihr gefällt mir alles nicht." Und Engeltraut reagiert noch entschiedener: „Ich will ihn nicht. Ich mag ihn nicht. – Nein! Eh' ihn nehmen, eher sterben!"

Jetzt verpflichtet Frei die beiden Väter, ihr Verhalten gegenüber ihren Kindern ins genaue Gegenteil zu verkehren. Sie sollen Albrecht und Engeltraut verbieten, sich zu sehen, miteinander zu sprechen; notfalls sollen sie gewaltsam voneinander getrennt werden.

> *„Den Kindern sagt mit scharfen Worten:*
> *Sie sollen sich für ew'ge Zeiten*
> *Bei Eurem Zorn und Fluche meiden."*

Nach diesem Therapierezept verfahren die beiden Alten auch tatsächlich. Und die Jungen, zunächst völlig düpiert, beginnen langsam, sich an Wuchs und Aussehen wechselseitig gar nicht so übel zu finden. Unbeobachtet äugt einer nach dem anderen.

Albrecht: „S'ist seltsam, daß ich's jetzt erst sehe." Engeltraut: „Die Schönste, Beste ist er schon wert. Wie's nur geschah, daß ich das nicht schon früher sah?" Bald necken Frei und Helferin Felicitas sich wechselseitig. Sie tituliert ihn einen Weiberfeind, den „Herrn Übermut", er sie „Fräulein Zungenfertig". Da erscheint der Handwerksmeister (Vergolder) Leblank und hält bei Moskirch um Engeltrauts Hand an. Während Pirkheimer seine Cousine Sybille, eine reiche Witwe, auffordert, Albrecht zu heiraten; dazu bittet sie sich allerdings Bedenkzeit aus.

Als die morsche Sonnenuhr über den beiden Gärten herunterfällt, kommen Albrecht und Engeltraut vorsichtig ins Gespräch miteinander. Er: „Daß Ihr's nur wißt, ich mag Euch nicht." Sie: „Verhaßt ist mir Euer Angesicht." Doch beide fühlen, dass der Andere das so nicht meint. So unterhalten sie sich denn über die momentane Wetterlage. Doch unvermittelt gerät der Disput immer ironischer, bald auch hitziger. Schließlich fordert jeder den anderen auf, seinen Platz zu räumen.

Die Väter erscheinen. Sybille eröffnet Albrecht, sie werde ihn, Leblank die Engeltraut heiraten. Darüber erschrecken die beiden junge Leute. Der Vergolder missversteht das Mädchen zudem dahingehend, als ob sie ihn gern nehmen würde. Über den gegenwärtigen Stand der Herzensangelegenheiten informiert Frei den alten Moskirch mit den Worten:

> *„Sie mögen selbst sich nicht gestehen,*
> *Daß sie einander gerne sehen.*
> *Doch noch viel weniger merken lassen,*
> *Daß sie sich lieben und nicht hassen."*

Freilich wollen die Alten an ihren nunmehrigen Verlobungsprojekten nicht mehr rütteln lassen. Da muss Leblank zu seinem Entsetzen wahrnehmen, dass Engeltraut in das ihr von ihm zugedachte Repräsentationsgeschenk, eine Puppe aus Pfefferkuchenteig, gleich kräftig hineinbeißen will. Schlimmer ergeht es Sybille, vor der Albrecht den Betrunkenen spielt. Er säuft aus einer Pulle Alkohol und reicht dann dieselbe ihr zum Mittrinken: „Auf Bruder, trinke! Du sollst leben." Bewusst redet er sie mit Hanns Frei, jenen als seine Base an. Völlig verstört wenden sich Leblank und Sybille von den beiden ab, finden aber jetzt zum Erstaunen der Väter unvermittelt ihrerseits Gefallen aneinander. Noch überraschter freilich sind die Väter, als sie Albrecht und Engeltraut heimlich belauschen: wie sie – jeder auf seine Weise – selig voneinander tagträumen.

Der an einem Bild von Engeltraut malende Albrecht muss sich neuerdings eingestehen, dass er sich in das Mädchen verliebt hat: „Daß ich das nicht schon früher sah?! Ihm eröffnet Frei, er selbst werde nun um Engeltraut werben. Maler Albrecht reagiert erst erschrocken, dann trotzig und dennoch scheinheilig, als wolle er den Freund vor einem schwerwiegenden Missgriff bewahren:

> *„Eh' ich unglücklich sehe Dich,*
> *nein, siehst Du, lieber opfre ich mich.*
> *Soll glücklich sein durch Deinen Schaden?*
> *Sieh, jetzo muß ich sie heiraten.–*

Ähnliche Heuchelei Engeltrauts gegenüber ihrem Großpapa:

> *„Ich hab Euch gar zu sehr gekränkt,*
> *Drum nehm ich nun, wen Ihr mir schenkt,*
> *Und wär' es gleich mein ärgster Feind."*

Und auch Vater Pirkheimer erlebt nun einen bis zur Selbstaufgabe gehorsamen Sohn:

> *„Ja, Vater, sehr hab ich's bereut,*
> *Will meine Besserung zeigen heut,*
> *Will Euch fortan nie widerstreben*
> *Und freien, wen Ihr mir wollt geben."*

Albrecht und Engeltraut finden nun zueinander. Nicht ohne ihren Vätern auch jetzt noch vorzuspielen, dass sie mit ihrer Verlobung ihren Alten ein kolossales Doppelopfer darbringen.

Sybille und ihr Vergolder reichen sich da prosaischer die Hände. Und zuletzt grüßen nach einigen komischen Täuschungsmanövern hinüber und herüber auch Felicitas und Titelfigur Hanns Frei als drittes Paar.

ৎ৵৽৵৽৵৽৵৽৵৽৵৽

Der Kritik des alten, weithin gerühmten Ludwig Tieck in Potsdam, dem Otto Ludwig diesen Spaß zugeschickt hatte, lässt sich kaum widersprechen: „Ihr Lustspiel ist ein Schwank in der Art von Hans Sachs. Sprache, Einfälle, Situationen sehr zu loben. Aber – in fünf langen Akten! Höchstens zu zweien ist der Stoff ausreichend. auch ist gar viele, fast steife Symmetrie in der Anordnung der Szenen."

Eben diese symmetrische Handlungsparallelität bei den beiden Jungen! Und dennoch kommen die vielen Vorzüge dieses Stückes in der Kritik viel zu kurz. Einem glänzenden Einfall folgt der nächste. Psychologisch sind alle Personen treffend erfasst. Die Entwicklung von Hassen zum Lieben bei Albrecht und Engeltraut wird überzeugend transparent gemacht. Fast genial zu nennen, wie Hanns Frei deren Widerspruchsgeist langsam überwindet. Besonders erheiternd das mehrmalige Zuschlagen der Heckentür in I/5, die Belehrung der beiden Alten durch Frei I/6, wenn die Jungen in ihrer Verlegenheit vom Wetter reden III/9, Albrechts Alkoholschwips vor Sybille IV/7, sein Aufopferungsangebot gegenüber Frei in V/2. Das wenige Beiseitesprechen sollte hingenommen werden. Die heute nicht mehr geistig–gedanklich nachvollziehbare absolute elterliche Gewalt auch in Herzensangelegenheiten ihrer Kinder – wie so oft in Goldonis Komödien – ist historisch zwingend vorgegeben.

Ludwig, der für die Niederschrift dieser „Reimpaare à la Hans Sachs" noch nicht einmal einen Monat benötigte, äußerte selbstkritisch: „ Ich habe mich vielleicht zu leichtsinnig an diese Aufgabe gemacht." Sein Lustspiel sei „unpraktisch" (so an Heinrich Laube) und „zu ausgesponnen für eine theatralische Aufführung." Solcher Pessimismus ist unbegründet. Vor allem für Liebhaberinszenierungen ist *Hanns Frei* wie geschaffen. Da durchgängig nur ein einziges Bühnenbild benötigt wird, lässt sich die ungeschickter Weise auf fünf Akte verteilte Handlung ohne Textverlust bequem auf ihrer zwei verteilen. Ludwigs Tochter Cordelia plädierte seinerzeit für die üblichen drei Akte. In solch theatergerechter Fassung ist der durchaus originelle *Hanns Frei* – allerdings erst nach Ludwigs Tod – bis in die Ersthälfte des 20. Jahrhunderts hinein beifällig aufgeführt worden.

Es sei noch erwähnt, dass der Dichter viel später seinen Freund Auerbach davon abhielt, das Stück auf Berlins Königsstädtischem Theater aufführen zu lassen; bedingt durch die Befürchtung, ein solches Frühwerk mit ungewissen Erfolgsaussichten – Parallele zu Grillparzer! – könne am Ende seinen inzwischen so schwer errungenen Erbförster–Ruhm gefährden.

1.2. Die Torgauer Heide

Dieses Vorspiel zu einem Fridericus–Drama lebt nicht vom Handlungsgeschehen. Frostgeschüttelt sitzen Soldaten in der Morgendämmerung nahe Torgau rings um ein wärmendes Wachtfeuer. Sie erzählen sich von preußischerseits gewonnenen Schlachten wie zu Lobositz und Roßbach, aber auch von verlorenen wie zu Kolin und Hochkirch, von persönlichen Erlebnissen zwischen jenen Waffengängen, von Erfolgen und Misserfolgen dieses Regiments und jener Batterie, vom persönlich mutigen, hautnahen Einsatz des Alten Fritz vor dem Feind, diskutieren freilich auch darüber, ob der schon vier Jahre anhaltende Krieg um Schlesien ein gerechter sei oder nicht. Ein Feldwebel verteidigt seinen König: „Wir schießen uns nicht um den Haß oder um die Habgier unseres Königs. Sondern der Fritz kämpft für uns und unsere Ehre. Drum fechte ich für Fritz und seine Ehre." Eine Proviant verteilende Marketenderin vermittelt der Runde einen gemütlichen Akzent. In welcher auch österreichische Grenadiere sitzen, die noch nicht wissen, ob sie als preußische Gefangene zu gelten haben oder nicht. Doch darin ist man sich einig: „Alle beide sind wir Deutsche, Österreichischer wie Preußen. Dann erhält das in Ungewißheit verharrende Convivium eine makabre Note durch den tödlich verwundeten Repkow, Sergeanten beim Grenadierregiment Anhalt–Bernburg, der in seinen Fieberphantasien ein Triumphlied anstimmt und darüber tot zusammenbricht; sein erst später eintreffender Sohn wirft sich schluchzend über seine Leiche. Überraschend erscheint der König persönlich und setzt sich auf Tambours Trommel zu seinen Soldaten. Kurz danach der Husarengeneral Ziethen, der den vollkommenen Sieg in der Schlacht von Torgau meldet.

৩৯৩৯৩৯

Unglaubhaft, dass der Alte Fritz das Schlachtfeld verlässt, bevor die Entscheidung in dieser kriegsentscheidenden Auseinandersetzung mit Österreich gefallen ist. Noch unglaubwürdiger, dass die Soldaten ihren König duzen, untereinander jedoch teilweise sich mit „Ihr" anreden. Wenn der Grenadier Franz Repkow so einfach dahinsagt „Wir haben Dresden ausgewischt", so sollte man sich dessen erinnern, dass der Preußenkönig das Sachsenland dreimal überfallen hat und kurz vor der Torgauer Schlacht seinen Kanonieren an der oberen Elbe befohlen hatte, dessen Residenz voller barocker Köstlichkeiten mutwillig zum großen Teil in Schutt und Asche zu legen. Obendrein wirkt es ziemlich geschmacklos, wenn im Beisein von zwei Sterbenden bzw. Leichen bei Sonnenaufgang vom Dichter verfügt wird: „ Das Orchester nimmt den Choral auf und schließt mit einer Jubelsinfonie."

Dennoch: Die über die Szene verteilte Fülle der berichteten Begebenheiten imponiert in Verquickung mit einer harmonisch aufgefächerten Dialogführung. Die Charakterisierung der auftretenden Personen, soweit auf begrenztem Raum möglich, macht sich ganz vorzüglich. Die Sprache wird sehr variabel und aufgelockert eingesetzt, trifft immer den Kern der Sache, gibt sich niemals vulgär, wirkt jedoch gelegentlich trotz aller herzhaften Akzentsetzungen vielleicht etwas akademisch unter Frontsoldaten.

Das Manuskript dieses Fridericus–Dramas, das Otto Ludwig im Jahre 1845 dem Leipziger Theater übermittelt hatte, wurde offenbar in dessen dramaturgischen Büro verschlampt und tauchte später nie wieder auf. Dass das Vorspiel *Die Torgauer Heide* überlebte, ist ausschließlich Heinrich Laube zu danken, der es noch vor Vollendung des Gesamtdramas in seiner *Zeitung für die elegante Welt* abdrucken ließ.

Als der Dichter sein Manuskript verloren geben musste, informierte er unter dem 28.3.1846 seinen Eisfelder Freund Ambrunn brieflich: „Da ich nun für den Augenblick die Lust am Drama verloren habe, und ein dramatischer Fritz ohnehin weder in Preußen noch in Österreich gespielt würde, so will ich die Materialien zu einem Roman benutzen." Dieser Episierungsplan wurde dann freilich schnell wieder aufgegeben.

Neben seinem Alten Fritz, den er Ende 1844 „in acht Tagen begonnen und beendet hatte", erwog Ludwig auch einen Jungen Fritz, also eine Dramatisierung des Zerwürfnisses des preußischen Kronprinzen mit seinem Vater, dem bekannten Soldatenkönig. Die dann erst im 20. Jahrhundert mit der berühmten Jannings–Darstellung filmisch umgesetzt wurde. Zur Aufgabe dieses Projektes sah sich der Dichter um so mehr genötigt, als er von der höchst erfolgreichen Uraufführung von Gutzkows Komödie *Zopf und Schwert* am 1. Januar 1844 im Dresdner Hoftheater erfuhr.

1.3. Die Waldburg

Im Vorfeld seines *Erbförsters* geriet Otto Ludwig auch an Stoffe und Einzelmotive, die er ursprünglich in seinem späteren Meisterdrama unterzubringen gedachte. Auf dessen stimmungsvollen Hintergrund weist bereits der Titel *Wald-*

burg. Die allerdings treffsicherer mit Die Rache des Kastellans betitelt worden wäre.

Ein Schlosskastellan, der Rache an seiner Herrschaft nicht nur plant, sondern auch ausführt, findet sich bereits in Ludwigs Tagebuchnotizen aus dem Jahre 1840. Im folgenden Jahrfünft beschäftigen ihn seine früheren Erzählungen, auf theatralischem Gebiet die *Agnes Bernauer* in mehreren Fassungen, die Abrundung des Lustspieles um *Hanns Frei* und eine immerhin schon skizzierte *Charlotte Corday.* Unklar bleibt, weshalb er einen Kurzaufenthalt in Leipzig plötzlich dazu nutzte, um zwischen dem 4. und 17. Januar 1845 die Waldburg gleichsam in einem Zug niederzuschreiben.

Klassenkampf im Embryonalzustand. Der seelisch deformierte Kastellan des Waldburgschlosses will Sühne für die Verbrechen, die bereits frühere Schlosseigner an seinen familiären Altvorderen verübt hatten. In seinem Monolog (I/7) offenbart es der Dolchzückende: „Einmal sich Luft machen können, all das geronnene Blut herausspeien, das das Herz abdrücken will." Schon die früheren Schlossherren seien Räuber, Mörder, Frauenschänder gewesen. In I/8: „Meinem Vater sollt' ich schwören, mein Leben zur Rache zu verwenden an diesem Geschlecht. – Mein Vater wollte hundertjährige Unbilden rächen, die diese Grafen seinem Stamm angetan." Auch der jetzige auf der Waldburg regierende Graf Leopold hätte vor Jahren seine Schwester verführt. Deshalb (V/4) „will ich nun mein Unglück bezahlt haben und die Jahrhunderte voll Beleidigungen meines Blutes."

Einen gewaltigen Tort hat dieser Kastellan seinem Grafen Leopold bereits vor zwanzig Jahren angetan, schockiert mit dessen Offenlegung diesen jedoch erst ganz zum Schluss: „Dein Graf Ernst, den Du für Deinen Sohn hältst, ist mein Sohn. Ich tauschte Beide mit Hilfe meiner Schwester, die Du verführt hast, und die Deinem Weibe in der Geburt beistand."

Leser und Zuschauer müssen sich nun freilich immer vor Augen halten: die Beteiligten besitzen von jenem Vertauschungsvorgang keine Ahnung, das löst zwischen ihnen Komplikationen aus.

Ernst, des Kastellans, in Wahrheit des Grafen Sohn, liebt unerwidert das Bürgermädchen Clara Tiefenborn. Die liebt einen Maler, der sich dann bald als der ältere, erbberechtigte Grafensohn Heinrich herausstellt. Ob solcher Täuschung entzieht sie sich ihm. In Begleitung der jungen, verwitweten Gräfin Aurora trifft Graf Leopold auf dem Schloss ein; er will sie mit seinem Heinrich verheiraten. Da der jedoch seine Clara wiederliebt, lehnt er den Handel ab. Und auch Aurora vermag die verstörte Clara nicht zu einem Verzicht auf ihn zu bewegen. Nun verfolgen Leopold und der Kastellan gemeinsam einen verruchten Plan: Ernst solle Clara heiraten, und ihr solle diese Verbindung mit reichlichen Geldgeschenken lohnenswert gemacht werden. Bei Erfolglosigkeit der Plandurchführung solle Clara eröffnet werden, sie sei Leopolds illegitime Tochter und könne deshalb ihren „Bruder" Heinrich niemals ehelichen. Bei dieser Kunde bricht Clara in einem Wahnsinnsanfall zusammen. Die Nachricht vom Tode des anderen, des Grafen vermeintlichen, des Kastellans wirklichen Sohnes Ernst trifft ein. An der Bahre der toten Clara kommt es zum Duell der Rivalen Heinrich und Ernst, die in Wahrheit leibliche Brüder sind. Als Ernst den Heinrich mit dem Degen tötet, erschießt Graf Leopold im gleichen Moment den Ernst, stirbt jedoch kurz danach selbst. Der Kastellan, der inzwischen die Inbrandsetzung der gesamten Waldburg durch Räuberhand veranlasst hatte, springt mit einem Schrei "Waldburg, Dein Geschlecht ist aus" durch das Fenster hinaus in die Flammen.

ೊೊೊೊೊೊ

Das Handlungsgerüst ist nicht ungeschickt hochgeführt. Keine Leerstellen; die Aktionen erfolgen Schlag auf Schlag. Die recht primitive Fabel ist freilich im Unglaubwürdigen verankert. Manche Szenen, die hochdramatisch bersten sollen, grenzen ans Lächerliche. Ziemlich seicht bleiben die Dialoge und lassen den Qualitätsabstand zum späteren Erbförster, ja schon zur *Pfarrrose* schnell erkennen. Der Dialog zwischen der hochnäsigen Aurora und der bescheidenen Clara erinnert entfernt an Partien in Schillers *Kabale und Liebe*, Claras Wahnsinnsszene an die der Ophelia in Shakespeares *Hamlet*. Immerhin erweist sich jene Aurora als die wohl noch am besten gezeichnete Figur. Sie und ihre Zofe Lisette bleiben als Einzige am Leben; vorausgesetzt, dass ihnen die rechtzeitige Flucht aus der brennenden Burg gelingt. Der Kastellan beherrscht naturgemäß das Geschehen. In seinem so hintergründigen wie betont devoten Gebaren beeindruckt er durchaus, erreicht jedoch nicht die dämonische Durchschlagskraft eines Cardillac.

Mängel dieses seines Stückes erkannte der selbstkritische Ludwig sehr bald. Er bemühte sich um eine Schärfung der Charaktere in ihrem leidenschaftlichen Gegeneinander. Später wollte er die Waldburg–Handlung mit dem Geschehen in einem geplanten Drama Der Pfarrer von Neubrunn verschmelzen. Doch es blieb bei der bloßen Absicht. Wie so vieles im schöpferischen Haushalt des Dichters.

1.4. Die Rechte des Herzens

Wenige Tage nach der Niederschrift der *Waldburg* tat Ludwig dasselbe mit dem Trauerspiel in fünf Aufzügen *Die Rechte des Herzens* in der Zeit vom 22. Januar bis 4. Februar 1845, ebenfalls in Leipzig. Eine begrenzte Umarbeitung erfolgte im Spätsommer des Folgejahres. In dieser Fassung las das Stück Eduard Devrient, der eine Annahme am Dresdner Hoftheater nicht durchzusetzen vermochte, vor geladenem Auditorium in den ersten Tagen des Jahres 1847.

Fürst Max, der gerade in sein rheinisches Schloss zurückkehrt, steht bei seinem Schwager Hermann – auch Maltheser genannt – in erheblicher finanzieller Schuld. Die will er sich dadurch vom Halse schaffen, dass er seine sechzehnjährige, langer harter Klosterzucht ausgesetzt gewesener Tochter Eugenie mit einem gewissen Prinzen Friedrich verheiratet. Nach dem seitens der Russen niedergeschlagenen Polenaufstand von 1830 reisen polnische Emigranten durch Deutschland, und einer von ihnen, der von dem alten Thaddeus begleitete Paul Lubinsky, trifft in dem rheinischen Schlosspark auf Eugenie, die sich sogleich um beide karitativ kümmert. Von dem heimkehrenden Vater ist Eugenie ob dessen Gemütskälte bitter enttäuscht und schwärmt deshalb immer mehr für Lubinsky. Ihre Gouvernante warnt sie: „Was können Sie, eine Fürstentochter, gemein haben mit einem Geächteten?" Eugenie entgegnet: „Ich soll ihn verachten, der aus seiner stolzen Höhe sich zu mir armen Mädchen herabneigt?" Darauf die Gouvernante: „Die höchsten Fürstentöchter können mit all dem Glanz ihres Standes das gefallene Weib nicht bedecken." Nachdem der Fürst der Prinzessin, seiner Tochter, angekündigt hat, sie morgen mit dem bereits anreisenden Prinzen Friedrich zu verloben, versichern sich sie und Lubinsky überschwänglich ihrer ewigen Liebe. Des Fürsten Schwager erinnert sich, dass der Vater des Lubinsky seinerzeit seine Schwester ehelichen wollte und sollte. Eugenie erhält einen Brief Lubinskys, in welchem er sie bittet, um Mitternacht sich mit ihm im Grabgewölbe unter der Schlosskapelle zu treffen. Die Prinzessin begibt sich tatsächlich in die Tiefen des Schlosses und lässt sich mit Lubinsky von einem polnischen Priester trauen. Beide wollen nach Amerika auswandern. Werden jedoch vom Fürsten überrascht, dem Lubinsky androht: „Gehen Sie, ehe ich Sie zertrete wie einen giftigen Wurm." Notfalls werde er ihn töten. Als Eugenie am Folgetag reisefertig gerade das Schloss verlassen will, tritt ihr der fürstliche Vater in den Weg. Sie müsse sich mit dem Prinzen Friedrich auch deshalb verloben, damit er, der Fürst, seine Schulden endlich loswerde. Eugenie zu ihm: "Das Unmögliche zu verlangen, ist unmenschlich. Sie glauben nicht an die Rechte des Herzens." Nachdem der Fürst gegangen, erscheint Lubinsky über dem Balkongeländer. Er brächte es nun doch nicht fertig, ihren Vater aus dem Weg zu räumen. Und sehe deshalb keinen anderen Ausweg, da er ohne Eugenie nicht weiterleben könne, als sich selbst zu beseitigen. Die Prinzessin kredenzt ihm und sich einen giftigen Schierlingstrank. Beide fallen tot um. Das nimmt dann der Fürst mehr oder weniger ungerührt zur Kenntnis.

৩৽৩৽৩৽৩৽৩৽৩৽

Wie in der Waldburg zuvor, erfreut sich auch diese Tragödie eines zügigen Handlungsablaufes. Wie dort die Gräfin Aurora, so ist auch hier in der Person des Fürsten Max die Negativfigur am besten gezeichnet. Der Zuschauer bekommt es mit, wie der Fürst die ihn beschwindelnden Gouvernante, Kammerdiener und Kastellan durchschaut, ohne sich das vor ihnen anmerken zu lassen. Seine Dialoge mit Lubinsky im IV. Akt und mit seiner Tochter im V. Akt lassen es an dramatischer Zuspitzung nicht fehlen.

Negativ zu werten sind die Nebenfiguren, die fast zu Statisten degradiert werden, auch wenn sie ihr Redepensum abzuleisten haben. Die Prinzessin Eugenie zeichnet sich nicht nur durch überquellende karitative Uneigennützigkeit aus und opfert sich notfalls im Dienste des Nächsten auf, sondern gibt sich auch ihrem Liebhaber Lubinsky nahezu unterwürfig in die Hand. Ihr dauernd emphatischer Ruf „Mein Paul! Mein Paul!" während des zumeist sinn– und geistentleerten Liebesgeschwafels nervt die Zuschauer. Folge jahrelanger, harter Klostererziehung? Mit einer sich derart Selbstentäußernden hat es ein Lubinsky natürlich leicht, sie an sich zu binden. Doch er muss gleichwohl körperlich fit sein: im 2. Akt springt er aus dem Fenster, im 4. Akt muss er sich im Grabgewölbe mühsam zwischen Sarkophagen einrichten, im 5. Akt an der Schlosswand hoch und über das Balkongeländer in Eugenien Zimmer klettern.

Ludwig bedient sich wie selbstverständlich aus der romantischen Requisitenkammer. Ein Grabgewölbe unter der Schlosskapelle – Grillparzers Ahnfrau und Carl Maria von Webers Euryanthe lassen grüßen – würden auch heute noch in eine schwächliche Filmklamotte passen. Doch auch in den oberen

Schlossräumen parlieren die Beteiligten – von Ausnahmen abgesehen – eher auf Gartenlaubenniveau.

Die Rechte des Herzens haben auf der Bühne nicht Fuß fassen können. Würde man sie dennoch inszenieren, wäre es ein Heiterkeitserfolg der Tragödie nicht auszuschließen.

1.5. Die Pfarrrose

Der Schlossverwalter des Jagdjunkers Fritz von Falkenstein lädt im Namen seines Herrn den Pastor von Taubenheim, Döring, nebst Frau und Tochter Rose „zu einer kleinen Überraschung diesen Abend punkto Acht im grünen Schloßpavillon ein." Seitens der Schwester des Arztes Werner, der Sabine, erfährt die Pastorsfrau ergänzend, die junge Komtesse Diemar treffe auf dem Schlosse ein, und um Mitternacht werde anlässlich Fritzens 22. Geburtstages möglicherweise seine Verlobung mit derselben bekannt gegeben. Sabine hält der Pastorsfrau vor, sie hätte es, während ihr Bruder um Roses Hand anhalte, „mit der Rose auf den Junker abgesehen und hielte meinen Bruder hin; wenn's mit dem Junker nichts wär', wär' mein Bruder noch gut genug." Die Pastorsfrau beruhigt Sabine: der Junker und ihre Rose, beide gleichaltrig, wären von klein auf im Pfarrhaus großgezogen worden und liebten sich nur wie Geschwister.

Vorsichtshalber nötigt sie nach Sabines Weggang ihre Rose, einen – im weiteren Verlauf als verhängnisvoll sich herausstellenden – Brief an den Arzt des Inhalts zu schreiben, dass sie ihm entgegenkommen wolle und bereit sei, sich abends mit ihm in einer Laube nahe dem Schlosspavillon zu treffen. Die Warnung an ihre Tochter, der sie Intimitäten mit Junker Fritz zutraut, ist deutlich genug: „Ich wollte, Du solltest den Junker in Ehren an Dich ziehen. Das darf jedes brave Mädchen. Aber sich nicht wegwerfen an ihn, wie Du es tust. Und kurz! Ich dulde keine Unsittlichkeit im Hause. – Und geschieht, was die Leute Schande nennen, so bin ich deine Mutter nicht mehr." Endlich kommt der Junker selbst und überreicht Rose ein Schreiben, demzufolge er sich mit ihr noch heute Abend verloben wolle.

Den ominösen Brief, den auf Druck ihrer Mutter die Rose an den Arzt geschriebne, legt der Forstgehilfe Freitag Junker Fritz auf dem Schlosse vor; der gerät darüber außer sich, dass Rose ihn bisher zum Narren gehalten. Für den Abend kündigt der Schlossverwalter die Ankunft der Komtesse Diemar an.

Über Roses Gefühle ihm gegenüber ist sich der Arzt durchaus im Klaren: „Ich fühl's an mir, daß ich ihr zuwider bin. Aber der verletzte Stolz, die Erbitterung gegen den Junker, mit dem's ohnehin aus ist." So kalkuliert er denn: Da jetzt die Komtesse Diemar anreist, will der Junker seine Rose loswerden. Und zu diesem Zweck will dieser zusammen mit dem Pastorenehepaar Döring heute Abend in jener Laube ihn, den Arzt, bei einer Umarmung mit Rose überraschen. Entsprechend inszeniert er denn auch seine Begegnung mit dem ahnungslosen Pfarrersmädel: Junker Fritz findet den neuerlichen Verdacht bestätigt – seine Rose in des Arztes Armen! Da meldet der Schlossverwalter die Ankunft der Komtesse. Pastor Döring verstößt seine Tochter: „Fahre hin, Du hast's Dir selber bereitet." Als die Pastors und der Junker gegangen, bietet der Arzt erneut die Eheschließung an, wobei er mit einer kräftigen Abfindung seitens des Junkers rechnet. Als sie sich verachtungsvoll abwendet, zeigt der „Lückenbüßer" sein anderes Gesicht und verflucht sie. Völlig verstört bleibt sie allein zurück: „Mußt Du Dich zusammensuchen, Rose? Der unglückliche Brief und dieser – Werner! Fritz muß sich betrogen glauben. Und ich? Es überstürzte sich alles."

Auf dem Schloss will Rose ihren in Depressionen versunkenen Fritz sprechen. Der lässt sie nicht vor, sondern überlässt seinem fragwürdigen Freund Wüstenfels das Gespräch. Der nun will Rose mit einer Abfindung von 500 Talern abspeisen. Mit beißendem Sarkasmus weist sie das zurück und zerreißt Fritzens an sie am Morgen übermittelten Liebes– und Verlobungsbrief. Darüber bricht nun wieder der Junker zusammen und ordnet, als er wieder zu sich kommt, die öffentliche Verlobungsfeier mit der Komtesse Diemar an.

Verwandlung: der Kirchhof bei Mondenschein. Völlig zerschlagen meditiert Rose auf einem Leichenstein und bittet die sich im Pfarrhaus momentan aufhaltende Sabine, einen erneuten Brief an Junker Fritz zu übermitteln. Da erscheint ihre Mutter an der Tür, und Rose schleudert ihr ins Gesicht: „Du hast mich nie geliebt. Du hast Niemanden geliebt. – Du hast mich in das Lügennetz verschlungen, daß ich mich nicht halten konnte. Hätt' ich nur immer gelogen und geheuchelt, es wäre Alles gut. Nur offen soll kein Mensch sein, großmütig und wahr." Sabine meldet des Pastors Tod. Auf diese Nachricht hin reagiert dessen Frau mit der Aufforderung an Rose, sie solle den Arzt heiraten. Im übrigen verstoße auch sie ihre Tochter; als Landstreicherin solle sie im Spittel sterben .In einem Anflug von Irresein bricht Rose zusammen, als im nahen Schlosspark die Verlobungsfeier ihres Fritz mit der Komtesse Diemar lautstark eröffnet wird.

Sabine hat den ihr seitens Rose übergebenen Brief an den Forstgehilfen weitergereicht, der ihn umgehend auf dem Schloss Junker Fritz aushändigt. Ihr Bruder, der Arzt, ist angeblich immer noch bereit, sie zu ehelichen. Der Pastor, der wider Erwarten seinen Starrkrampf doch noch einmal lebend überstanden hat, trifft auf Rose, die vom Friedhof her bewusstlos auf Sabines Zimmer gebracht worden war. Doch der Pastor, der seine Tochter wieder ins Pfarrhaus zurückholen will, erlebt sie in total verändertem seelischen Zustand. Sie erscheint ihm, als hätte sie den Verstand verloren und tanzt vor ihm ein graziöses Menuett. Fritz tritt auf, Roses letzten Brief in der Hand, der ihn über die wechselseitigen Irrungen aufgeklärt hat. Der Pastor packt ihn: „Siehst Du, was Du getan hast, Elender? Einen alten Mann betrogen und seinem Kind das Herz gebrochen." Der Junker verteidigt sich: „Rose sollte mein Weib werden. Da zeigte man mir einen Brief, worin sie den Werner nachts in die Laube lud. Ich hätte nicht irre werden sollen, aber ich ward's, mein Stolz raste." Den intriganten Wüstenfels, der ihm partout jene Komtesse zuführen wollte, ersticht er. Mit in Sabines Zimmer gefundenem Opium vergiftet sich Rose in einem Wahnsinnsanfall und stirbt. Daraufhin ersticht sich Junker Fritz selbst. In tiefstem Schmerz betet der Pastor zu Gott: „Ich danke Dir – ohne Dich zu begreifen."

᥉ᥱ᥉ᥱ᥉ᥱ᥉ᥱ

In dieser fünfaktigen Tragödie teilen sich drei Personenkreise die Handlung. Erstens: der Pastor mit Frau und Tochter Rose. Zweitens: Arzt Werner und seine Schwester Sabine. Drittens: Junker Fritz nebst „Freund" Wüstenfels, seinem Schlossverwalter und dem Forstgehilfen.

Im Gegensatz zu ihrem Ehemann, dem gutherzigen Pastor, der Roses Verstoßung bereut, ihr verzeiht und sie ins Pfarrhaus zurückholen will, möchte die so kaltsinnige wie verdeckt kaltschnäuzige Pastorsfrau ihre Tochter für immer verstoßen.

Das mehr als lediglich gestörte Verhältnis zwischen Mutter und Tochter offenbart sich gleich während des Eröffnungsaktes in Roses Anklage: „Täglich ließ ich mir von Ihnen vorsagen, was ich heute tun und was ich morgen lassen sollte, um dem Junker das Netz immer fester über den Kopf zu ziehen. Was wußt' ich? Und nicht den Junker allein mußt' ich belügen. Auch diesen

Werner. Damit einer mir sicher bliebe. Und ich folgte Ihnen, wie ich dachte, das müßte so sein. Bis ich's wußte, bis ich's fühlte, bis an jenem Tag! Wo ich auf einmal die ganze Erbärmlichkeit meines Treibens einsah. Wo ich mich hätte verachten müssen, wäre ich einen Augenblick länger die Kokotte geblieben, zu der Sie mich erzogen hatten. Ich durft' es ihm nicht einmal gestehen. Ich hätte Sie bloßgestellt. Und von meinem Vater hatten Sie mich entfernt, ohne daß ich's merkte."

Echte Liebesgefühle interessieren die Pastorsfrau nicht. Sie interessiert nur der künftige gesellschaftliche Stellenwert ihrer Tochter. Ohne den Rose aufgezwungenen Brief an den Arzt hätte sich das tragische Verkettungsvehikel gar nicht erst in Bewegung setzen lassen. Überhaupt wäre – was Otto Ludwig negativ anzukreiden ist – das dauernde Kursieren von Schriftlichem in echten und verlogenen Herzensangelegenheiten besser unterblieben. Denn zwischen Fritz und Rose triumphiert allen Querschlägen zum Trotz die so selten echte, wahre Liebe. Romeo und Julia im Dorf Taubenheim! Und so enden sie auch wie Shakespeares berühmtestes Liebespaar: beide nacheinander durch Suizid.

Das Geschehen vollzieht sich in übersichtlich straffem, dramatisch sich steigerndem Ablauf ohne sinnlose Ritardandi. Sogar die Monologe lassen sich verkraften. In der treffsicheren Charakterisierung seiner Personen hat Ludwig gegenüber Waldburg und dem "Polenstück deutliche Fortschritte gemacht. Fast ließe sich die Pfarrrose als sein erstes Meisterstück des Poetischen Realismus bezeichnen. Was die Titelfigur betrifft, so „muß die Rolle eine Paraderolle für junge Schauspielerinnen werden." Dieser sein Wunsch ist dem Dichter voll in Erfüllung gegangen. Die notfalls auch ironisch parlierende, kapriziöse Rose verfügt über die erforderliche Bandbreite an temperamentsgesättigten Impulsen. Ihre überzeugenden Wahnsinnswandlungen im Schlussakt animieren die Darstellerin noch über Ophelia hinaus zu einer schauspielerischen Spitzenleistung. Das seelische Hin– und Hergeschleudertwerden des Junkers Fritz steht dem mimisch kaum nach. Von der brutalen Schroffheit der Pastorsfrau heben sich die halbverdeckten Fiesigkeiten des Arztes und des Majors Wüstenfels deutlich ab. Der Pastor bringt sich im Handlungsgetriebe leider nur wenig zur Geltung. Seine Schlussworte erinnern an die von Hebbels Meister Anton.

Ob Bürgers Ballade *Des Pfarrers Tochter von Taubenhain* bei der Stoffwahl Pate gestanden hat, lässt sich im Nachhinein nicht mehr aufklären. Wichtig war Ludwig jedenfalls auch hier – wie in den beiden vorangegangenen

Tragödien – der Gegensatz zwischen bürgerlichem und adligem Partner. Auch bei der *Pfarrrose* arbeitete der Autor zunächst an mehreren Entwürfen. Doch spätestens im Jahre 1847 stand für ihn die endgültige Fassung dieses „tragischen Idylls" fest. Die Niederschrift erfolgte dann im Laufe des Jahres 1848.

Auch dieses Stück bot Otto Ludwig vergebens dem Dresdner Hoftheater an. Freund Eduard Devrient regte eine Umarbeitung der Tragödie mit glücklichem Ausgang an. Der Dichter wallfahrte. Doch die neue „Wilde Rose" gefiel dem Chefregisseur noch weniger: „Ohne Sinn und Verstand. Auch ohne Talent. Das ist niederschlagend." So kam zu Ludwigs Lebzeiten seine Pfarrrose niemals auf die Bühne.

Sie heutzutage aufzuführen, erscheint nicht opportun. Zu viele gesellschaftliche Umbrüche haben sich in den letzten anderthalb Jahrhunderten vollzogen. Die Handlungsweise der Pastorsfrau resultiert letztendlich aus dem Bemühen, sich die Tochter als Versorgungsfall vom Halse zu schaffen. Wie bringe ich bloß ein gefallenes Mädchen noch unter die Haube, wenn jetzt auch noch die junge Komtesse Diemar auf der Bildfläche erscheint? Der Arzt soll das Ausfallrisiko decken. Dessen Bereitschaft dazu erklärt sich wiederum aus der – zu damaliger Zeit durchaus realen – Aussicht, dem Verführer eines bis dahin unbescholtenen Mädchens eine ordentliche „Abfindungs"entschädigung abzuzwacken. Der entscheidende Fehler – darin liegt ihre Mitschuld –, den Rose begeht: dass ebenfalls noch im I. Akt, als Fritz sie mit seiner Verlobungsofferte überfällt, sie ihm nicht sofort den ihr aufgenötigten Brief an den Arzt offenbart hat. Damit nahm das Verhängnis seinen Lauf, und es war nur noch eine Frage der Zeit, in welchem der Folgeakte die zu Beginn „gelegte Bombe hochging." Schon rein kalkulationsmäßig scheitert die Pastorsfrau an der unbeirrten, festen Liebestreue der beiden junge Menschen zueinander, die sie sich in ihrer Gefühlsapparatur gar nicht vorstellen kann. Doch das von einem Elternteil wie eine Ware verhökerte junge Mädchen gibt es heute nicht mehr. Sex ist heutzutage nur noch in Vergesellschaftung mit der wirtschaftlich–finanziellen Selbstverwirklichung der Frau vorstellbar. Heute stellt die Ehe zumeist sich nur noch als Wagnis auf Zeit dar. Eine ökonomische Selbstständigkeit der Ehepartnerin sorgt dafür, dass ein gutes Drittel aller Ehen, in Ballungsgebieten sogar deren Hälfte geschieden wird, mit steigender Tendenz. Viele weitere Ehen bleiben nur aus Furcht vor den enormen gerichtlichen Scheidungskosten auf dem Papier bestehen. Das eben ist es, was Otto Ludwigs *Pfarrrose* auf den heutigen Theaterbühnen obsolet erscheinen lässt, bestenfalls zu vergnüglichem Unterhaltungskonsum dienen dürfte. Wozu dann insbesondere der Finaltod der beiden Liebenden überhaupt nicht passen und wahrscheinlich auch noch Buhrufe provozieren würde. Schade um ein – ungeachtet jener brieflich unsinnigerweise erzeugten Missverständnisse – an sich echtes, situations– wie charakterzeichnungsmäßig gut durchkomponiertes Bühnenstück!" Ist mittlerweile sogar Shakespeares *Der Widerspenstigen Zähmung* vom Spielplan verschwunden, vermag sich demselben Otto Ludwigs *Pfarrrose* erst recht nicht mehr zu öffnen. Lehnt das heutige kritische Publikum nun schon eine solche Komödie ab, um wie viel entschiedener eine entsprechende Tragödie!

2. Cardillac – Das Fräulein von Scuderi

Während der Regierungszeit Ludwigs XIV. von Frankreich geschehen im nächtlichen Paris laufend Raubmorde. Immer nach der gleichen Art: Jugendliche Adlige bringen ihren Geliebten zur Honorierung deren Leibesdienste kostbaren Schmuck, den sie zuvor beim berühmtesten Goldschmied der Stadt, René Cardillac, hatten anfertigen lassen. Mit dem jedes Mal gleichen Dolch werden sie ermordet und des Schmuckes beraubt. Die Jungadligen senden eine Petition an den König, er solle die nächtlichen Polizeistreifen wirksam verstärken. Der König lehnt ab, nachdem das von ihm geschätzte alte Fräulein von Scuderi zu bedenken gegeben hat: „Wer vor Räubern will verzagen, ist nicht wert, geliebt zu sein." Daraufhin erhält die Scuderi seitens des „Unsichtbaren" besonders wertvollen Schmuck „als Zeichen unserer Dankbarkeit." Der Bote des Schmuckes „mit wildem Blick, von wildem Haar umflattert" erscheint jedoch alsbald unerwartet ein zweites Mal und beschwört die Scuderi, den Schmuck an dessen Fertiger, den Goldschmied René Cardillac, freiwillig zurückzusenden.

Dieser junge Olivier, Geselle Cardillacs, wird nächtlicher Zeuge dessen todbringender Raubüberfälle auf die jungen Adligen. Doch aus Liebe zu dessen Tochter Madelon schweigt er dazu. Monologisierend enthüllt Cardillac nach und nach, was ihn zu seinem mörderischen Gewerbe treibt: er vermag es nicht zu ertragen, die von ihm meisterhaft geschaffenen Kleinodien in fremder Käuferhand zu wissen und scheut deshalb kein Verbrechen, um sie gewaltsam zurückzuerlangen. In einer Nacht findet Cardillac jedoch seinen Meister in dem Grafen Miossens, der auf dem Weg zu seiner Geliebten unter dem Gewand einen Harnisch trägt. Den ihn überfallenden Cardillac ersticht der praktisch Unverwundbare seinerseits, und der zu spät eintreffende Geselle Olivier kann nur noch den sterbenden Goldschmied in dessen Behausung tragen. Doch eine Polizeistreife ist in der Nähe, folgt den beiden; Polizeioffizier Degrais entdeckt in der Tasche Oliviers den Dolch, hält ihn fälschlicherweise für den Mörder und lässt ihn verhaften.

Die nun vaterlose Madelon hat im Haus der Scuderi Obdach gefunden. Dort wird das alte Fräulein von Degrais mit dem gefangenen Olivier konfrontiert. Der entdeckt dem Fräulein, das ihn gefühlsmäßig für schuldlos hält, immer noch nicht die Cardillacs Untaten betreffende volle Wahrheit, da er dann einen totalen Zusammenbruch dessen von ihm über alles geliebten Tochter Madelons befürchtet, die postmortal immer noch in blinder Verehrung an ihrem Vater hängt. Als auch noch Graf Miossens seine Notwehrtötung Cardillacs bekundet, gelingt es schließlich der Scuderi, beim König die Freilassung Oliviers zu erwirken. Das Volk feiert sie; die bisherige Willkürjustiz wird entmachtet.

ೞೞೞೞೞೞ

Titelrolle: Das Fräulein von Scuderi. Eine bejahrte Dame, deren Ansichten sogar vom französischen Monarchen geschätzt werden. Auf deren Rat hin verstärkt dieser die nächtlichen Polizeipatrouillen in Paris nicht, obwohl die tödlichen Raubüberfälle in der Dunkelheit kein Ende nehmen. Diese letzten Endes durch die Scuderi verursachte Unsicherheit auf den Straßen honoriert der davon profitierende, mordende Goldschmied Cardillac mit einer Geschenksendung besonders prachtvollen Schmucks. Während hierbei sein Geselle Olivier als sein Bote fungiert, handelt dieser selbstständig anlässlich seines zweiten Besuches beider Scuderi, als er ihr die Rücksendung des Schmuckes dringend nahelegt.

Warum? Olivier, der die Verbrechensserie seines Meisters inzwischen mitbekommen hat, befürchtet – fälschlicherweise –, auch in diesem Falle werde der sich das von ihm zuvor Geschaffene gewaltsam zurückholen.

So spielt denn im weiteren Verlauf die Scuderi ihre Rolle nur noch im Verbund mit der des unglückseligen Olivier, dem die Polizei auf jeden Fall den Mord an seinem Meister anhängt. Dessen Infreiheitsetzung erreicht die Scuderi erst ganz zuletzt.

Also eine soziale Wohltäterin, und auch dies nur im peripheren Geschehensablauf. Reicht das für eine Titelrolle? Natürlich nicht; mag sie auch in Details treffend gezeichnet sein. Kaum, dass ihre Person ein Handlungssegment trägt. Sie reagiert weit mehr, statt zu agieren. Wenn auch trotz ihrer Blässe durchweg Sympathien erweckend. Mitten im V. Akt erfährt sie anlässlich der Erfolglosigkeit ihrer Bemühungen um Olivier: „ Das Volk will des Angeklagten Tod." Kurz danach kommt derselbe überraschend frei. Und das gleiche Volk von Paris wenige Szenen später „ein Sprachrohr für diesen einen Ruf: das Fräulein von Scuderi! Die Retterin! Die Helferin!" Dass während einer derart kurzen Zeit die Stimmung im Volk so total umgeschlagen sein soll, erscheint schon arg unglaubwürdig.

Dem jungen Goldschmiedegesellen Olivier eignet jedenfalls eine wichtigere dramaturgische Funktion als der Scuderi. Und Cardillac weiß längst um seines Gesellen Mitwisserschaft. Doch der werde – darauf vertraut er zu Recht – nichts ausplaudern, weil er seine Tochter Madelon abgöttisch liebt. Gerade deshalb wird im weitern Verlauf Olivier bis hin zum Todesurteil arg gebeutelt. Als Degrais in dessen Tasche den Dolch als Tatwaffe entdeckt, gilt der Geselle nun – grotesk genug – als Mörder seines Lehrherren. Selbst in solcher Zwangslage deckt er den inzwischen seiner Verwundung erlegenen Cardillac, verschweigt den wirklichen Tathergang und lässt sich Madelon zuliebe polizeilich verhaften. Danach flüchtet er sich in extrem starrsinnige Standhaftigkeit. Gleichwohl setzt er in seiner ungestümen Wirrnis und hektischen Zerfahrenheit einen wirkungsvollen Kontrapunkt zu dem eher gravitätischen Auftreten der anderen Personen.

Seine Madelon sinkt freilich fast zur Statistin herab. Ihr kann man nur abnehmen, dass sie Olivier wiederliebt. Ansonsten obliegt ihr keine handlungsrelevante Funktion. Dreimal (III/10, IV/7, IV/11) fällt sie in Ohnmacht. Was der Scuderi wenigstens nur einmal (V/8) passiert.

Eine verhältnismäßig kleine Rolle ist dem Grafen Miossens zugedacht. Doch der greift entscheidend in das Geschehen und damit in die Bühnenhandlung ein. Er drängt Cardillac zur Aushändigung des schon seit langem bestellten Schmuckes, den er in der nächsten Nacht seiner Geliebten in der Rue Nicaise präsentieren will. So erfährt Cardillac dessen Wegroute. Doch der misstrauisch gewordene Graf schützt sich mit einem unter seinem Gewand angelegten Harnisch. Und dessen Existenz entscheidet über das Schicksal des ihn überfallenden Goldschmiedes.

Längst wird der Rezipient selbst erkannt haben, dass sich der Schwerpunkt der gesamten Handlung in dem Goldschmied Cardillac personifiziert. Er hat sich auch nicht etwa von dem Fräulein von Scuderi später auf diesen verlagert, denn bei derselben hat er nie existiert.

Aus dem Privatleben Cardillacs werden nur wenig Einzelheiten bekannt. Er geriert sich als braver, biederer Bürger. Der oft zur Messe die Kirche aufsucht, jedenfalls so, dass er dabei auch gesehen wird. Seine Tochter Madelon ist sein höchster Lebensinhalt. Seinen Gesellen Olivier akzeptiert er nach und nach als künftigen Schwiegersohn. Einen verarmten Handwerkskollegen speist er mit einem Almosen ab. Aufträge, eine Schmuckfassung aus Juwelen zu fertigen, nimmt er von Bürgerlichen gar nicht erst entgegen. Wohl aber von Adligen. Wobei seinem Dialog mit dem Grafen Miossens zu entnehmen ist dass der Standesunterschied zwischen Adligen und Bürgerlichen ihm ein Dorn im Auge ist, den er sarkastisch glossiert.

Doch das große Geld befindet sich nun einmal in den Adelsschichten. Sie vermitteln ihm die wirklich lukrativen Aufträge. Doch nach deren Abwicklung tritt eine Komponente hinzu, die diesen Cardillac von allen anderen Goldschmieden abhebt: der unstillbare Schmerz des Schöpfers über den mit dem Verkauf unwiderruflich verbundenen Verlust seiner Schöpfung. Und dieser Schmerz setzt sich in kriminelle Energie um. Er will sein Werk zurück, und sei es um den Preis der Ermordung des Kunden. Nur noch die Dämonie eines Gedankens des Wiedererlangens beherrscht ihn. Da musste es einen subtilen Menschendeuter wie Otto Ludwig reizen, jene dämonischen Impulse bis in ihre feinsten Verästelungen freizulegen.

Mit dem II. Akt ist Cardillac in seiner Werkstatt zu sehen. Mit anderen führt er Scheindialoge, die Monologen nahe kommen, und dann auch in formale Monologe münden. In ihnen enthüllt der Goldschmied endlich das, was ihn im Tiefsten antreibt.

„Punkt Elf – und um die Ecke – zwanzig Schritte
von hier – so mag's. Was summt mir stets im Ohr?
Der böse Keim liegt freilich in uns allen.
Doch unsre Schuld ist's – Was ist Schuld?
Der Narr! Die Schuld trägt, der uns schuf. Ich hab
Mich nicht geschaffen.
Und kämpft um mich der Himmel und die Hölle,
Kann ich's nicht ändern, wenn die Hölle siegt."

> (er betrachtet den Schmuck, den er Miossens geben muß)
> „*Ihr Lastervolk! Dich wollen sie mir nehmen,*
> *Mein Kleinod! Meine Seele! So wie dich*
> *Liebt' ich noch keine.* Und dich, armes Herz,
> Will man mir nehmen, einer Dirne hängen
> An den verbuhlten Hals. Du mußt es dulden.
> *Jetzt biegt er ein – schnell hinterher – die Mauer*
> *Entlang – Flink an ihm vorbei,*
> *Denn ihm zuvorzukommen gilt's.* und nun nicht atmen –
> *Schon recken sich des Armes Muskeln – still! –*
> *Noch fünfzehn Schritt – noch zehn – so! Nun den Arm*
> *In die Höh! Noch fünf – noch drei – noch zwei – noch –*
> *So!! Nun ist's geschehn.* und nun den Schmuck, den Schmuck
> *Her mit dem Schmuck! Nun hab ich*
> (er erwacht aus dem Traum) *Nein – ich hab*
> *Ihn nicht. S'war nur ein Traum –*

Der zusätzliche Impuls, die eigenen Eltern rächen zu müssen, die als Leibeigene von deren Feudalherren seinerzeit so geschunden wurden, hat lediglich sekundäre Bedeutung.

❧❧❧❧❧❧

Das im Jahre 1848 niedergeschriebene Fräulein von Scuderi ist seit mehr als einem Jahrhundert von den Spielplänen deutscher Bühnen verschwunden. Mit Recht! Denn schon der Titel ist kompletter Etikettenschwindel. Würde man mit Hilfe dramaturgische Eingriffe die Handlung ganz auf die Scuderi zuschneiden, so ergäbe sich eine fade, nichtssagende Aktion, welche die Theaterbesucher einschläfert oder aus dem Kunsttempel treibt. Die einzige bedeutsame Funktion dieser Frau ist darin zu finden, dass sie über den König mittelbar dafür sorgt, dass die nächtliche Unsicherheit auf den Straßen von Paris erhalten bleibt. Das ließe sich auch auf anderem Wege erreichen. Erstaunliches Resultat kritischer Betrachtung: die Rolle des Fräuleins von Scuderi ist sogar ganz überflüssig.

Was aber dann? Cardillac, die wirkliche und auch hinreichend effiziente Zentralgestalt des Dramas, stirbt bereits im III. Akt. Unschwer daraus abzuleiten, dass sich der IV, und V. Akt zwanglos streichen lassen. Und damit auch die drei Figuren um die Scuderi: der Arzt Serons, ihre Kammerfrau La Martinière und ihr Kammerdiener Baptiste. Obendrein der König und sein Sekretär Bontemps. Von den insgesamt fünfzehn Personen der Handlung entfallen damit bereits ihrer fünf (sechs).

Da sich der Auftritt Cardillac bei der Scuderi im I. Akt (5. Szene) ebenfalls als überflüssig erweist, bleiben nur noch der II. und III. Akt übrig, die dann von dem Goldschmied total geprägt werden.

In solch eingeengtem Rahmen werden dann nur noch Graf Miossens, Polizeioffizier Degrais, Geselle Olivier und Tochter Madelon funktional bedeutsam. Was dann dazu führen sollte, auch noch den verarmten Lejean und die geschwätzige Haushälterin Caton von der Personalliste zu streichen. Nur noch sieben Personen der Handlung blieben dann in dem in „Cardillac" umzubenennenden Bühnenstück übrig. Was nun wiederum zu der weiteren Überlegung führt, ob der „Cardillac" nicht als Einakter über die Bühne gehen könnte. Ein Versuch in diese Richtung sollte gewagt werden. Er könnte zu einem Dauerbrenner werden.

Beginnen müsste dann in Cardillacs Werkstatt die Handlung mit dem Dialog der „Liebeleute", also den beiden, die dem Goldschmied am nächsten stehen, Olivier und Madelon. Der Auftritt der Haushälterin (II/2) wie des bettelnden Lejean (II/3) entfällt.

Danach müssten die Folgeszenen (II/4,5) in der Weise zusammengefasst werden, dass Cardillac mit dem Malermeister Martin erscheint, der den Part der Caton übernehmen müsste. Aus dem eher stillen Martin würde sodann ein Aufgeregter, der sich über die fortgesetzten nächtlichen Morde in den Gassen von Paris entrüstet. Damit entfiele logischerweise die Begrüßung zu Beginn von II/5, und Cardillac bittet den Maler (Verse 739 ff.), nun endlich zur Sache zu kommen. Der wünscht aus fünf mitgebrachten Schmuckstücken Fertigung eines Halsbandes. und so kann der Text seinen unveränderten Verlauf nehmen. Wichtig die Szene II/6 mit des Grafen Miossens Diener Jérome, in der dieser die

Aushändigung des schon seit langem bestellten Schmuckstückes dringend anmahnt; dabei ist allerdings das Wort „morgen" durch „noch heute" zu ersetzen. In II/7 wird dann zwar Malermeister Martins Fertigungsbitte zurückgewiesen, doch Cardillac erhält in dieser Szene weitere Gelegenheit, seine Antriebskräfte vorsichtig zu offenbaren.

Unverändert bleiben die Kurzszene mit Tochter Madelon (II/8) und die aufschlussreiche Schlüsselszene Cardillacs mit seinem Gesellen Olivier (II/9), die in den längsten der Monologe mündet. Als Cardillac „wie aus einem Traum" aufwacht (Vers 1243), sollten nur noch die Verse 1260 und 1261 folgen, in denen er Olivier zur Nachtruhe schickt.

Danach entfallen die Szene II/10 und die nach Kulissenwechsel im Haus der Scuderi spielenden Szenen II/11–17.

Als Olivier gegangen, schleicht Cardillac wieder in seine Werkstatt zurück. Der Text bleibt unverändert. Dem Monolog III/1 folgt die spannungsgeladene Dialogszene Miossens–Cardillac (III/2), derselben der neuerliche Monolog in III/3. Recht unmotiviert erscheint zu sehr später Tageszeit das Auftauchen von Olivier und Madelon, doch muss die Caton (III/6) ausgeblendet bleiben. Der Monolog der ahnungslosen, an ihrem Vater hängenden Madelon (III/7) setzt einen beklemmenden Kontrapunkt zu den sich jetzt überstürzenden Ereignissen.

In III/8 trägt Olivier den todeswunden Cardillac herein, der nur noch phantasieren kann und bei Madelons Erscheinen (III/9) stirbt.

Die Schwierigkeit der nächsten, wohl spannungsgeladensten Szene III/10 liegt darin, dass Polizeioffizier Degrais den ihm verdächtig erscheinenden Olivier vernehmen kann, ohne dass die wichtigtuerische Caton dauernd unterbricht. Deren Partie (Verse 1955–1978, 1980–1995, 1997–2006, 2017–2031, 2034/2035, 2038f., 2041–2057, 2134) ist zu eliminieren.

In dem Augenblick, in dem der Geselle festgenommen abgeführt werden soll, in dem Madelon mit dem Schrei „Olivier!" zusammenbricht, erscheinen andere Polizisten mit Graf Miossens in der Werkstatt. Sie haben dessen Fußspur in die Rue Nicaine verfolgen können. Dort hat sich der Graf auch sofort bereit erklärt, in Cardillacs Haus zu erscheinen, um zur Aufklärung dessen Tötung maßgeblich beizutragen. Vor dem Polizeioffizier können sich nun Olivier und Graf Miossens wechselseitig entlasten.

Texthilfe bieten hierbei beider Sachdarstellungen, die nach der bisherigen verunglückten Bühnenstückfassung erst im IV. Akt vor der Scuderi erfolgen. Die Oliviers in der 10. Szene (Verse 2545–2550),, die Miossens in der 14. Szene (Verse 2695–2701)

Für Degrais und seine Polizisten darf nun unumstößlich feststehen: Der überfallene Graf, um sein eigenes Leen zu retten, hat Cardillac in Notwehr erstochen .Nun erfährt Madelon doch noch von der verbrecherischen Mordserie ihres Vaters. Gerade das, was Olivier stets verhindern wollte, selbst auf die Gefahr eigener Tötungsbezichtigung hin. Doch der tiefe Schock des Mädchens wird durch ihre zukünftige stabile Lebenspartnerschaft mit dem geliebten Olivier kompensiert; alles deutet darauf hin, dass beide mit dem grausigen Geschehen eines Tages fertig und zusammen ein glückliches Paar werden.

So ließe sich letzten Endes ein spannender Einakter aus der Scuderi–Konkursmasse gewinnen. Das charaktermäßige Unikat Cardillac ermöglicht es, Unvergleichliches, etwas Unwiederholbares auf die Bühne zu bringen und verschafft dem Hauptdarsteller eine Bombenrolle sui generis. Wie sie im 19. Jahrhundert ein Josef Lewinsky glänzend realisierte.

Vor allem mit dieser Gestalt ist Otto Ludwig über seine epische Vorlage, Die Serapiosbrüdernovelle *Das Fräulein von Scuderi* von E. T. A. Hoffmann, weit hinausgewachsen.

3. Der Erbförster

Der reiche Fabrikant Stein hat Schloss Düsterwalde gekauft. Samt dem dazugehörigen Wald, für den seit vierzig Jahren der eigensinnige und extrem ehrbewusste Christian Ulrich als Erbförster verantwortlich ist. Beide alte Hitzköpfe geraten in der Försterei beim Kartenspiel wieder einmal ob wechselseitiger Besserwisserei aneinander. Während sich beider Kinder Steins Sohn Robert und die Förstermarie auf ihre anstehende Verlobungsfeier freuen – die Förstersfrau Sophie deckt gerade die Festtafel –, wird es bei den beiden Alten Ernst wegen des Waldes. Stein: „Es wird durchforstet." Ulrich, der den Wald in jahrelanger harter Arbeit hochwachsen gesehen hat und für denselben infolge des geplanten Kahlschlages erhebliche Schäden befürchtet: „Es wird nicht durchforstet." Beim Verlassen der Försterei droht Stein an, bei Nichtbefolgung seines Befehles werde er als neuer Eigentümer Düsterwaldes Ulrich seines Amtes entheben und den übel beleumdeten Buchjäger als seinen Nachfolger einsetzen. Ulrich, der auf sein "Recht" kraft Tradition pocht, lässt das Ultimatum verstreiche. Die Verlobungsfeier platzt. Robert: "Ich gehe. Aber wie's auch werden mag, mein Recht an Marie geb ich nicht auf."

Sehr schnell bedauert Stein in seinem Schloss das Zerwürfnis mit dem Erbförster: „Recht mag er schon haben, daß das Durchforsten nicht taugt." Sein Buchhalter Möller meldet ihm, befehlsgemäß habe er an Stelle Ulrichs soeben den Buchjäger in den Forstdienst eingestellt. Darüber ist Stein verärgert: Es sollte doch nur „ein Schreckschuß sein für den Ulrich. Der sollte vernünftig werden, nachgeben." Und so schickt er den ihn besuchenden Pastor von Waldenrode mit der Bitte um Vermittlung zu Ulrich: versöhnungshalber wolle er diesem – einstweilen als Pensionär – sein bisheriges Gehalt in doppelter Höhe weiterzahlen.

Dem Erbförster wird berichtet, der oft betrunkene Buchjäger weise jetzt amtsbewusst die Holzfäller an, den Wald im Sinne von Fabrikant Stein zu durchforsten. Dessen Versöhnungsangebot weist Ulrich entrüstet zurück und erklärt dem vermittelnden Pastor: „Will er mir meine Ehre damit abkaufen? Herr Pastor, meine Ehre ist nicht feil. Soll's ein Gnadengehalt sein? Ich brauche keine Gnade. Ich kann arbeiten. Umsonst nehme ich nichts. – Er kann mich nicht absetzen, wenn ich nicht schlecht gewesen bin. Wenn ich mich willig absetzen ließe, so gestände ich selber ein, daß ich schlecht wäre. – Ich habe von Vater und Großvater eine Ehre ererbt und bin sie meinen Kindern und Kindeskindern schuldige. Sie heißen mich den Erbförster im ganzen Tal. ich wäre der erste aus meinem Stamm, der abgesetzt wäre." Sohn und Fortgehilfe Andres berichtet dem Vater, soeben im Wald von dem Buchjäger und den Holzfällern misshandelt worden zu sein. Daraufhin beauftragt Ulrich seinen zweiten Sohn Wilhelm, er solle in der Stadt über einen Advokaten Gerichtshilfe anfordern; er und Andres wollten ihn flintenbewaffnet bis zur Grenzschenke begleiten.

Dort wittern die Wilddiebe Lindenschmied und Frei, die den Försterwechsel schnell mitbekommen haben, Morgenluft für ihr verwerfliches Tun und Treiben: „Jetzt ist Freiheit, und die Ordnung ist aufgelöst." In der Grenzschenke entwendet Lindenschmied dem schläfrig dahindösenden Andres dessen Flinte und eilt in den Wald.

In der Dämmerung des Heimlichen Grundes fällt ein Schuss. Tödlich getroffen „taumelt der Buchjäger in die Szene" und erklärt dem hier auf seine Marie wartenden Robert, der Andres habe auf ihn geschossen. Letzterer taucht ohne Waffe auf; Robert bezichtigt ihn gleichwohl der Tötung an dem Buchjäger. Es fallen zwei weitere Schüsse.

Währenddessen spielt im Schloss Stein mit dem Gedanken, sein Anwesen dem Sohn Robert zum Hochzeitsgeschenk zu machen. Der könnte dann Ulrich in seine alte Erbförstersterei einsetzen: „Und niemand wäre blamiert." Buchhalter Möller stürzt mit der Nachricht herein, Andres habe den Buchjäger im Heimlichen Grund erschossen. Viel schlimmer noch: die ganze Ulrichfamilie würde jetzt durchdrehen: „Die vom Jägerhaus machen förmlich Jagd auf ihre Feinde." Daraufhin schickt Stein seinen Buchhalter mit der Order in die Stadt: Auf zu Pferde! Militär aus der Stadt soll den ganzen Wald besetzen und „die Mordbande einfangen da vom Jägerhaus."

Der Onkel der Försterin, der wohlhabende Bauer Wilkens, rät seiner Nichte, sich von ihrem eigensinnigen Ehemann zu trennen und mit ihren Kindern in sein Haus zu ziehen. Später werde er sie als eine Erben einsetzen. So wären sie wenigstens versorgt. Tochter Marie erhält eine heimliche briefliche Aufforderung Roberts, sich mit ihm nachts im Heimlichen Grund zu treffen. Die Mutter redet ihr zu der Begegnung zu in der Hoffnung, „der Robert redete noch einmal mit seinem Vater", und die Försterfamilie könnte dann vielleicht in der Försterei wohnen bleiben. Ulrich hat keine Einwände, wenn Frau und Kinder ihn verlassen, Wilhelm kehrt aus der Stadt zurück: der Advokat wolle keine Klage erheben. Denn die Rechtslage wäre eindeutig: der Buchjäger führe jetzt im Walde von Düsterwalde zu Recht das Kommando. Holzhüter Weiler will im Heimlichen Grund drei Schüsse gehört haben: „Ich hörte Euren Andres und den Robert im ärgsten Zank."; möglicherweise sei Andres getroffen zusammengebrochen. Als Ulrich auch noch erfahren muss, Marie sei allein in den Heimlichen Grund gegangen, und Stein hätte zum Schutze seines Waldes vor Ulrich Soldaten aus der Stadt angefordert, hängt er sich seine Flinte um und verlässt die Försterei.

Förstersfrau Sophie bleibt in quälender Unruhe zurück; alle Familienmitglieder haben das Haus verlassen. Der schließlich zurückkehrende Ulrich eröffnet seiner darob fassungslosen Frau: „Der Robert hat unseren Andres erschossen, und ich – ich habe ihn gerichtet." Doch Andres erscheint unversehrt: mit der ihm in der Grenzschenke gestohlenen Flinte habe der Wilddieb Lindenschmied den Buchjäger erschossen, woraufhin Robert den Wilddieb angeschossen habe. Als nun Andres auch noch erklärt, Robert lebe, geht Ulrich die entsetzliche Erkenntnis auf, dass er dann nicht wie geplant Robert, sondern seine diesen mit ihrem Leib deckende Tochter Marie erschossen haben müsse. Frau, Söhne, der hinzukommende Stein und der Pastor können, als die tote Marie auf einer Bahre hereingetragen wird, Ulrich nicht mehr davon abhalten, sich vor der Försterei mit der Waffe selbst zu richten.

༄༅༄༅༄༅

Seine schöpferische Inangriffnahme des *Erbförsters* beschreibt der Autor wie folgt: „Es geht eine musikalische Stimmung voraus. Die wird mir zur Farbe. Dann seh ich Gestalten in Stellung und Gebärde. Und dies wie eine plastische Marmorgruppe, auf welche die Sonne wie durch einen Vorhang fällt, der jene Farbe hat. – In dieser Beleuchtung wurde allmählich eine Gestalt sichtbar. Die Fabel erfand sich, und deren Erfindung war nichts anderes als das Entstehen und Fertigwerden der Gestalt." Gegen eine solche fast traumhafte und obendrein spontane Genese sprechen allerdings zumindest im Erbförsterfall die sich kompliziert verästelnden Fakten.

Seit seiner Jugend war dem Dichter die von schwer zu beschreibendem Zauber umwobene, beseligende Waldstimmung vertraut. Nicht von ungefähr hat er seine erste Tragödie 1845 *Waldburg* betitelt. Das in derselben dominierende isolierte Rachemotiv wird in der Folgezeit verdrängt; stattdessen soll zunächst eine verletzte Rechtsposition vertreten und durchgesetzt werden. Von Wilddieben gedrängt vergeht sich ein in seinem Rechtsgefühlt getroffener Bauer am Waldeigentum eines Edelmannes und tötet dabei versehentlich die eigene Tochter. In einem Entwurf Wilm Berndt vom Mai 1846 tritt als stofflicher Zusatz noch eine frühere Liaison von Berndts Ehefrau mit dem intriganten gräflichen Schlossverwalter hinzu. Otto Ludwig notiert sich jedoch auch schon den Titel *Die Wildschützen*. Die Untaten der drei Wilderer Frei, Lindenschmied und Weiler – deren Namen tauchen in der endgültigen Ausarbeitung wieder auf – rahmen gleichsam Berndts Rechtssuche. Die Mordszene im Heimlichen Grund, später im V. Akt mittels Falschberichten zur Kenntnis gebracht, wird hier den Zuschauern vorgeführt. Der dem Dichter förderliche Chefregisseur des Dresdner Hoftheaters bekennt zwar im Januar 1847 nach der Lektüre des ihm zugesandten Manuskriptes: „Ein außerordentliches poetisches Talent, wundervoll", aber „er arbeitet jetzt liederlich. – Das ist eine Erzählung, kein Drama." Deshalb unterzieht Ludwig sein Sujet einer energischen Umarbeitung, die des Titelhelden ehemaligen Freund und späteren Feind zu einem ermittelnden Kriminalrat macht und Berndts jungen Sohn Selbstmord begehen lässt. Ab Sommer 1847 intensivieren sich die Bemühungen. „Soeben nehm ich meinen Berndt wieder auf" (27.7. an Devrient), nachdem schon im März die Braut erfuhr „Mein Berndt arbeitet sich immer besser zusammen." Freund Ambrunn erfährt am 11. August: „Mein Trauerspiel *Die Wildschützen* schreitet rüstig vorwärts", sodann am 10. Dezember: „In diesem Wilm Berndt gebe ich den Forderungen der Welt soweit nach, als mir irgend mein Gewissen erlaubt." Danach unterbrechen *Das Fräulein von Scuderi* und die *Pfarrrose* den Findungsprozess. Vor allem jedoch die Niederschlagung der politischen Revolutionen von 1848 durch die konservativen Gewalten: „Ich schrieb das Stück ein Jahr nach dem Ausbruch der Februarrevolution in Paris. Meine Phantasie war noch voll von dem Erlebten." Doch jener revolutionäre Fehlschlag legte dem Dichter dringend nahe, aufrührerische Partien des Wildschützentrios sorgfältig zu tilgen. Erst jetzt kommt es zur Umschmelzung des bisher Niedergeschriebenen, und in der Ersthälfte des Jahres 1849 entsteht der Erbförster in seiner nunmehr gültigen Endfassung. Auf deren Lektüre hin Eduard Devrient spontan reagiert: „Ich las und war erschüttert von diesem außerordentlichen Talent." Der erfahrende Theaterfachmann regte noch einige, eher unerhebliche Textverbesserungen an. Und im Herbst 1849 erfährt der glückliche Poet, die Dresdner Bühne habe sein Stück zur Uraufführung angenommen.

Über den triumphalen Erfolg der Premiere am 4.3.1850 auf den Brettern des Dresdner Hoftheaters berichtete unter dem 25. des Monats der Autor brieflich seinem Jugendfreund Schaller: am Schluss wäre unter den Theaterbesuchern entstanden „eine Totenstille noch zwei bis drei Minuten, wo man jeden einzelnen Atemzug hören konnte. Es war, als hätten sie vergessen, daß Komödie gewesen, und diese nun aus war. – Die Schauspieler übertrafen sich alle selbst, sie spielten alle mit Begeisterung, besondern Devrient, mein erster Verbündeter" (in der Titelrolle). Und Freund Heydrich ergänzt: "Ich war Zeuge jener ersten Aufführung und werde ihren gewaltigen Eindruck nie vergessen. Es war das Wehen eines originalen, echt dramatischen Dichtergeistes. Einem langsam heranrollenden, majestätischen Gewitter gleich, plötzlich hervorbrechend, die Landschaft blitzschnell seltsam beleuchtend, Alle ergreifend, erschütternd."

Auf Dresden folgte das Wiener Burgtheater mit dem großartigen Anschütz in der Titelpartie. Danach ging das Stück über Weimar, München und viele andere hervorragende deutsche Bühnen.

Über die singulären Vorzüge des *Erbförsters* wurde man sich überall schnell einig: die naturnahe traute wie auch gespenstische Szenerie, von der wie schon bei den Wildschützen der Dichter auch hier fordert: „Der rauschende Wald muß dem Stück stets über die Schulter sehen." Von der gemütlichen Förstersstube mit ihrer berufsbedingten Ausstattung und der Schwarzwälder Kuckucksuhr an der Wand bis zu dem aufzuckenden Wetterleuchten über dem heimlichen Grund. Unvergleichlich die sich im Handlungsverlauf immer mehr spannungsverdichtende, beklemmende Stimmungslage.

Agierend in ihr scharf umrissene Positiv– wie Negativfiguren mit „keiner Spur von Weichlichkeit; eine Gestalt immer kräftiger als die Andere." Eingebunden in einen Text, der bis in nebensächliche Details hinein so organisch wie wahrheitsgetreu ein Handlungssegment in das nächste hinübergleiten lässt. Im nuancierende Redefluss vor allem anlässlich idyllischer Partien. Aber auch sich plötzlich gewaltsam hochtürmender, das Geschehen mit sich fortreißenden Phasen. Da entwickeln sich Gedankenstriche, kurze Regieanweisungen in denselben fast noch bedeutsamer als in Grillparzers Dramen.

Im Mittelpunkt naturgemäß der Erbförster Christian Ulrich. Virtuos gezeichnet auch noch später in seiner seelischen Heimsuchung. Der seine Starrsinnigkeit notfalls bis zum Exzess treibt. Fast ein Dutzend Mal wird er als „eigensinnig" gekennzeichnet. Vor dem selbst noch die Wilddiebe Respekt empfinden, vor „dem alten Teufelskerl mit seinem weißen Schnauzbart." Der nach seiner Absetzung durch Stein Frau und Kinder zu dem reichen Onkel Wilkens ziehen lassen will. Denn jener Exodus wird unausweichlich, „wenn Einer absolut mit der Stirn durch die Wand will."

Zu einer ruhigen Stunde könnte sich Ulrich wahrscheinlich mit Fabrikant Stein, mit dem ihn ja eine jahrelange Freundschaft verbindet, wieder aussöhnen. Doch nicht, wenn er in seiner Ehre getroffen wird. Das zeigt sich besondern in seiner Reaktion auf das ihm vom Pastor unterbreitete Versöhnungsangebot; ihn mit der Fortzahlung des doppelten Gehaltes als bisher abzuspeisen. Noch tiefer trifft ihn der Vorwurf eigener krimineller Straftaten in seinem Wald. Wenn er vom Sohn vernimmt, Möller solle aus der Stadt Soldaten holen; und die „sollten die ganze Mörderbande im Jägerhaus gefangen nehmen." Dazu vor allem das Verbot weiteren persönlichen Arbeitseinsatzes in seinem Wald: „Weil ich für sein Bestes war, daß der Forst gegen Mitternacht und Abend offen liegt. – Daß so ein Wald wie ein Gewölbe ist, wo immer eins das andre hält und trägt." Den wird jetzt der Buchjäger mit aller Rücksichtslosigkeit durchforsten. „Und das Meine, was ich hineingewendet habe? Und daß ich die Bäume alle selber gepflanzt habe? Was? Die der Wind nun um nichts und wieder nichts zusammenknicken soll?" Ulrich liebt seinen Wald mit allen Fasern seines Herzens so wie Goldschmied Cardillac die von ihm gefertigten Juwelengeschmeide.

Wenn sich gleich zu Beginn die beiden Alten wechselseitig hochschaukeln, sind die Herzen der Zuschauer allemal auf Seiten des Erbförsters. Doch die Rechtslage spricht eindeutig für den Eigentümer Stein. So auch der Advokat in der Stadt. Ulrichs Tragik liegt maßgeblich darin, dass er seine Herzensangelegenheit in den Rang eines ihm zustehenden objektiven Rechtes erhebt. Wozu sind die Gerichte da? „Daß Unrecht nicht geschehen soll. Mich soll kein Mensch irre machen an meinem guten Recht. Und der ist mein Freund gewesen für immer, der mir noch das Wort vom Nachgeben spricht. Amen. Wenn's nur ein Aber brauchte, Unrecht aus Recht zu mache, so wollte ich lieber unter den Wilden leben, so wollte ich lieber das erbärmlichste Tier sein auf Gottes Erdboden als ein Mensch."

Dem ihm wohlwollenden Pastor erklärt er kategorisch: „ich bin in meinem Recht und will's behaupten." Ulrichs rechthaberischer Starrsinn ist nicht zu brechen. Und zutreffend kommentiert Onkel Wilkens anschließend. „In Seinem Recht? Hm! Was will Er mit dem Recht? Recht kostet Geld. Recht ist ein Spielzeug für die Reichen wie Pferde und Wagen. Hm. mit seinem Recht und Unrecht da. Sein Recht, das ist sein Eigensinn. Er reißt noch Frau und Kinder die Kleider vom Leibe, damit Er nur Seinen Eigensinn warm halten kann." Der ihn dann auch noch an die Pforte zum Wahnsinn führt.

Der andere sture Alte, der reiche Fabrikherr Stein, nun Herr auch noch auf Düsterwalde – „der Herr hat doch allemal recht, weil er der Herr ist" – hält dem kräftigen Widerpart. Dieser „Alte Hitzkopf", dieser „Alte Pulversack" erkennt sehr bald, dass Ulrich mit seinem Widerstand gegen den Durchforstungsbefehlt vom Sachlich–Persönlichen her Recht haben wird. Doch das will er natürlich auch nicht gleich zugeben; es könnte seinem Renommee schaden, wenn er den entsprechenden ersten Schritt tue. Das sei jetzt Ulrichs Sache: "Diesmal muß der zu Kreuze kriechen", erfährt der Pastor. Doch er missbilligt Möllers eilige Absetzungsaktion. Als er vom Pastor auch noch über den neuen Förster in Erfahrung bringt: "Der Buchjäger, betrunken wie gewöhnlich, hat den Andres wie einen Holzdieb behandelt, ihn schlagen lassen", reagiert er unverzüglich:

"Die Canaille wird abgesetzt." Doch da haben sich die Ereignisse bereits überschlagen.

Hierzu hat der Autor später selbstkritisch angemerkt: "Im Erbförster und im Stein habe ich gefehlt. Zwei Freunde tun sich weh, weil sie in ihrer Einbildung Feinde werden. Statt daß beim wahren tragischen Konflikte zwei wesentliche Feinde sich einbilden, sie seine Freunde, und im weitern Verlaufe die Wahrheit des Verhältnisses zutage kommt zu beider Verderben!"

Nicht weniger gut gezeichnet ist die junge Generation. Ebenso kernig und geradezu wie ihre Väter. Robert und Andres lieben das gleiche Mädchen, die "schmucke Braut": Andres als Bruder die Schwester, Robert Marie als seine Verlobte. Doch weniger deshalb, sondern auf Grund ihrer ungestümen Temperamente geraten sie aneinander. Als Robert befürchten muss, dass infolge des Streits zwischen den Alten seine Verlobung mit Marie in die Brüche geht, will er auf sein reiches Erbe verzichten und mit Marie irgendwo in weiter Ferne ein gemeinsames Lebensglück suchen.

Deutlich heben sich die unterschiedlichen Charaktere gegeneinander ab, der subtil intrigierende Buchhalter Möller, der joviale Wilkens und der brutale Trunkenbold–Buchjäger Gottfried, dem es dann die Theaterbesucher gönnen, wenn er im Heimlichen Grund von einem Wilddieb erschossen wird.

Erbförstersfrau Sophie waltet eher unauffällig in ihrer Försterei, ist jedoch aus dem Ensemble nicht wegzudenken und erfüllt trefflich ihre Funktion, ausgleichend zwischen den so gegensätzlichen Figuren um sie herum zu wirken. Sohn Wilhelm wirkt etwas blass; die Rolle des Holzhüters Weiler könnte modifiziert von ihm mit übernommen werden. Die Statistenrollen der Kathrine und des Sebastian lassen sich streichen.

Genial angelegte Dialoge innerhalb der einzelnen Szenen sind in Fülle anzutreffen. Um nur auf ganz wenige Beispiele hinzuweisen: wie Ulrich seinem künftigen Schwiegersohn Robert gute Eheratschläge erteilt (I/4), die Begegnung des sich gönnerhaft gebenden Möller mit dem angetrunkenen Buchjäger (II/5), die Sorge für den Hund Nero im Trennungsfall sowie das alternierende Vorlesen aus der Bibel und Roberts Brief (IV/3 und 4). Dazu des vom todbringenden Schuss zurückkehrenden Ulrichs wirre Phantasien, der immerfort Tochter Marie hinter sich gehen hört.

Den großen, durchschlagenden Dauererfolg seines *Erbförsters* auf den Bühnen "vermasselte" sich Otto Ludwig dadurch, dass er den auch strukturmäßig großartigen ersten vier Akten einen fünften anhängte, der nicht mehr von menschlichen Charakteren, Temperamenten und Leidenschaften, sondern von Zufälligkeiten und Verwechslungen geprägt ist. Das verunmöglichte eine überzeugende Rundung des Werkes. Jene Zufälle sind außerdem mit Irrtümern vergesellschaftet. Wodurch das Charakterdrama in ein Situationsdrama abzukippen droht. Unter diesem Vorzeichen beachte man folgende Kausalkette:

Wilddieb Lindenschmied entwendet in der Grenzschenke dem Andres dessen Flinte "mit dem gelben Riemen" und erschießt mit ihr den ihm verhassten Buchjäger. Der Sterbende offenbart dem dort wartenden Robert fälschlicherweise Andres als den Todesschützen. Nun schießt Robert irrigerweise auf Andres als den Träger der Flinte mit dem gelben Riemen, verwundet jedoch in Wirklichkeit den Flintendieb Lindenschmied. Von Weiler erfährt der Erbförster: " Ich hörte Euren Andres mit dem Robert im ärgsten Zank." Der da getroffen zusammenbrach, kann also nur der Andres gewesen sein, denn noch aus der Ferne hätte dessen gelber Flintenriemen durch das Gehölz geleuchtet. Nun eilt der Erbförster bewaffnet in den Wald, um seinen angeblich erschossene Sohn zu rächen. Erschießt, wie er annimmt, jetzt den Robert. Doch sowohl Robert als auch Andres tauchen unversehrt in der Försterei auf. Während die sich vor ihren Robert werfende Marie tödlich getroffen jetzt auf einer Bahre hereingetragen wird: "Sie sah mich auf ihn zielen und lief absichtlich in meinen Schuß. Ich wollte richten – und habe mich selbst gerichtet."

Da ziehen die Theaterzuschauer heute nicht mehr mit. Der Schluss – gelinde ausgedrückt – verärgert eher. So beginnt denn auch die Kritik an Freytags seinerzeitigen *Grenzboten* mit den Worten: " Das Stück ist kein fertiges Kunstwerk." Konkreter äußert sich Heinrich Laube, der den Erbförster Knall auf Fall im Wiener Burgtheater durchsetzen wollte: "Bis zur Höhe des vierten Aktes meinte man eine neuklassische Schöpfung vor sich zu sehen. Von da an knickte das Stück, und am Ende verlor es all seine glückliche Macht." Andere Kritiker bemängelten die verquere Konstruktion im letzten Viertel, die dort abflauende Geschlossenheit, das Abrutschen des tragischen Schwerpunktes, den späteren Triumph der Irrtümer samt der daraus folgenden Affekte, ein Rückfall in Tiecks Frühromantik in der Passage von Mariens Traum. Und Laube fasste schließlich zusammen: "Der Ausgang des Stückes wird für uns ein trauriger, nicht aber ein tragischer."

Gegen solche und ähnliche kritischen Vorwürfe hat sich Otto Ludwig sogleich vehement zur Wehr gesetzt. Dem befreundeten Julian Schmidt schreibt er: " Den Zufall kann ich nicht darin finden. Der Alte sieht den Robert und schießt auf ihn. Marie läuft absichtlich in den Schuß, sie wird getroffen statt Roberts. Das ist keine zufällige Verwechslung der Beiden. Nur weil ich die Stimmung des Furchtbarerhabenen wollte, habe ich das Verhältnis ins Unklare und Undeutliche gespielt. – Es ist kein Wunder, es geht natürlich zu; nur die Stimmung des Wunders ist darüber gebreitet." Das geht freilich am Entscheidenden vorbei: die Kausalwirkung ist untrennbar mit einer Irrtumskette verflochten. Der Autor freilich "hielt es für milder und notwendig zum Abschluß, denn ich Marien erschießen ließ statt Robert. – Was wäre für Marien mit einem Leben gewonnen, das die Erinnerung an den Tod des Geliebten durch das Verbrechen des Vaters vergiften müßte! – So stirbt sie einen schnellen Tod als Retterin des Geliebten; man sieht sie fähig, ihr Leben zu opfern." Ludwig vertritt damit eine Überzeugung, die andere ganz entschieden nicht teilen, genau so starr wie Ulrich sein angebliches "Recht". Später hat er allerdings selbst zugeben müssen, der Erbförsterstoff eigne sich nicht zur Tragödiengestaltung: "Das von ihm geschilderte Kleinleben lasse sich in seiner Beschränktheit und Kleinlichkeit höchstens für ein Idyll verwenden."

Hier muss man Ludwig vor Ludwig in Schutz nehmen. Wie vorstehend hinlänglich hervorgehoben, zählen gerade jene treffliche Zeichnung kleinbürgerlicher Impulse und Reaktionen sowie die ihnen entwachsenden Stimmungsverdichtungen zu den eminenten Vorzügen des Dramas. Die Nachteile liegen ganz woanders. Dem Autor ist auch zu konzedieren, dass er mit dem Erbförster etwas Neues, Unverwechselbares auf die Bühne gebracht hat. Und zu Recht schreibt er nach der Dresdner Uraufführung an den Jugendfreund Schaller: " Das beiliegende Stück ist eine Kriegserklärung gegen die Unnatur und konventionellen Manieren der jetzigen Theaterpoesie. Ich habe alle die Kunststückchen, mit denen man das Publikum packt, seit sechzig Jahren Schau–, Trauer– und Lustspiele zusammenwürfelt, über Bord geworfen. Natur, Wahrheit, Wirklichkeit sind meine Kunststücke gewesen, die ich angewandt."

Doch um der gleichen Wahrheit wegen darf darüber nicht vergessen werden, dass jener ominöse V. Akt dem Ganzen wenn schon nicht das Herz ausgebrochen, wohl aber dessen ansonsten wohlverdiente grandiose Totalwirkung ad absurdum geführt hat.

Mit Leidenschaft hat es Ludwig bestritten: " Es ist durchaus keine Schicksalstragödie." Das ist die glatte Unwahrheit. Mit seinem V. Akt ist der *Erbförster* bedauerlicherweise auf dem Boden der Schicksalstragödie gelandet. Und damit ist er eben doch bei Werner–Müller–Houwald angelangt, die im Premierenzeitpunkt auch in Dresden bereits überwunden erschienen. Mit einem gelungenen V. Akt hätte dieses Kleinod des Poetischen Realismus' ein entscheidendes Bindeglied zwischen dem vorangegangenen Kleist und dem späteren Ibsen werden können. Bei aller Wertschätzung Friedrich Hebbels und Ludwig Anzengrubers.

Aus den sattsam dargelegten Gründen ist der *Erbförster* schon seit Jahrzehnten vom Spielplan der deutschen Bühnen verschwunden. Sollte gleichwohl ein Rettungsversuch unternommen werden? Zumal hier die Schauspieler besonders dankbare Rollen vorfinden? Wie denn noch im Jahre 1929 einer der letzten profilierten Erbförsterdarsteller, Alexander Engels, bekundet hat: "Jede Gestalt bis auf die kleinste zeugt von einer geradezu dämonischen Sicherheit und Kraft der Charakteristik, die jedes Schauspielerherz auch heute noch mit der höchsten Bewunderung und Spielbesessenheit erfüllt."

Doch wie soll jene unglückselige V. Akt überwunden werden? Da erinnere man sich, wie Robert Schumann anlässlich der Librettisierung von Hebbels *Genoveva* im krassen Gegensatz zu diesem sein eigenes Opernwerk gleichen Titels und teilweise auch Inhaltes einem guten Ende entgegengeführt hat. Sollten da nicht auch im Erbförster die Zuschauer wie befreit aufatmen, wenn nach vier Akten dramatischer Zusammenballungen inmitten sich zunehmend verdüsternder Stimmungslage am Ende dann doch noch eine glückliche Verlobung gefeiert werden könnte?

Mit nur wenigen Abänderungen ließe sich der gesamte – unter Wegfall von Mariens Traum in IV/2 – bisherige Text bis einschließlich der vierten Szene des V. Aktes beigehalten. Ulrich kommt aus dem Heimlichen Grund mit seiner Waffe zurück; er habe, um seinen toten Sohn Andres zu rächen, den Robert Stein erschossen bzw. "gerichtet". Dabei hinzufügend: "Aber ich weiß nicht, ob's auch geschehen ist." Genau an dieser Stelle muss der Komödientext mit einer neuen fünften Szene einsetzen. Dies mit um so mehr Berechtigung, als im diametralen Gegensatz zur Tragödie eine Komödie ja gerade auch von Missverständnissen und Verwechslungen lebt.

Die Außentür zur Förstersstube geht auf. In ihr steht wohlbehalten Sohn Andres. Der nervlich vollkommen strangulierte Vater Ulrich erleidet darüber einen Schwächeanfall. Hinter Andres wird Robert sichtbar. Ulrich, der fast daran geglaubt hatte, ihn im Heimlichen Grund soeben erschossen zu haben, taumelt erneut und muss von Sohn Wilhelm nochmals aufgefangen werden. Auf einer Holzbahre tragen nun Andres und Robert eine zugedeckte Last herein. Zwangsläufig nun annehmend, statt Robert seine eigene Marie getötet zu haben, wirft sich Ulrich schluchzend über die Bahre. So bemerkt er nicht, dass Marie von draußen hereinhuscht in ein benachbartes Zimmer. Als sich Ulrich wieder erhebt, um seine ebenfalls schluchzende Frau zu trösten, zieht Andres die Decke auf der Bahre weg; auf ihr liegt ein soeben erlegter Wildschweinkeiler. Dieser Schrecken raubt Ulrich zum dritten Mal die Besinnung. Seine Frau muss ihn auffangen, vermag jedoch seinen schweren Körper nicht zu halten, und beide gehen zu Boden. Robert berichtet nun, Marie habe sich zwar schützend auf ihn geworfen. Doch nicht, um den Schuss von vorn aus der Flinte des Vaters abzuwehren, sondern, weil von hinten her ein Keiler ihn, Robert, auf seine Hauer nehmen wollte. Dabei seien beide hingestürzt, und der Schuss über sie hinweg habe den Keiler tödlich getroffen. Kaum, dass Ulrich wieder auf den Beinen, erscheint Stein und verkündet folgenden Vergleich: Ulrich werde wieder in sein Erbförsteramt eingesetzt, doch er müsse einer maßvollen Durchforstung zustimmen, sobald Roberts und Mariens siebentes Kind geboren worden sei. Beide Alte bekennen wechselseitig ihre Eseleien und fallen sich versöhnt um den Hals. Nur Marie fehlt noch. Da kommt sie auch schon von nebenan mit Tablett und gefüllten Gläsern. Und nun kann endlich die so unsinnig lang hinausgezögerte Verlobung gefeiert werden.

Zugegeben: Eine recht makabre Peripethie. Doch auf jeden Fall bühnenwirksam und von spannungsgenervten, schließlich dankbar aufatmenden Zuschauern honoriert.

Textenwurf

eines neugefassten Abschlusses des V: Aktes von Otto Ludwigs Komödie *Der Erbförster*

ಆಯಆಯಆಯ

Fünfte Szene:
(Die Haustür wird von draußen geöffnet)
Andres (steht im Eingang): *Na? Förster und Försterin froh vereint?*
Försterin: *Unser Andres!?*
Förster (zu sich kommend): *Waaas? Der ist doch tot. Den hat der Robert erschossen. Seh ich ein Gespenst?*
(Er schwankt und wird von Wilhelm aufgefangen)
Robert (ebenfalls in der Tür sichtbar): *Jetzt siehst Du sogar noch ein zweites Gespenst.*
Förster (wieder standfest): *Bin ich von Sinnen?*
Försterin: *Ich denke, den hast Du soeben im Heimlichen Grund erschossen?*
Förster: *Doch Du siehst, Robert lebt. Lebt frisch und vergnügt.*
(Er schwankt erneut und muss von Wilhelm abermals aufgefangen werden. Andres und Robert tragen auf einer Holzbahre eine mit einer Decke verhüllte Last herein)
Beide: *So! Das wär's dann.*
Förster (erneut zu sich kommen): *Nein! Nein! Nein!* (schreiend) *Jetzt wird mir alles klar: Unsere Marie liegt unter der Decke. Sie habe ich mit meiner Flinte getroffen.*
Försterin (unter Tränen): *Musste mein Kind daran glauben?*
Förster (wirft sich schluchzend über die Decke): *Mein Kind – mein Liebstes – hab ich selber gemordet – ich – ich – ich selbst – oh Gott, Gott, wie kannst Du einen alten Vater – so unbarmherzig strafen?*
(Von den Anwesenden unbemerkt huscht Marie von draußen herein und durch die Tür in eine benachbarte Stube)
Förster: *Meine Marie – unsere Marie –*
(Robert und Andres helfen ihm auf die Beine)

Försterin: *Aber unser Mädel ist doch nie so dick aufgeschwollen gewesen?*
Andres: *Sicher nicht! Dafür ist das auch der dritte Irrtum* (er zieht die Decke weg)
Förster (schreit erneut): *Nein! Nein! Jetzt dreht sich mir alles im Kopf. Das ist doch der Wildschweinkeiler, den ich nächste Woche zur Strecke bringen wollte.*
(Er verliert das Gleichgewicht und wird von der Försterin aufgefangen. Da sie aber sein Körpergewicht nicht halten kann, geht sie mit ihm gemeinsam zu Boden)
Robert (tritt an den daliegenden Ulrich heran): *Hochverehrter Schwiegervater! Oder meinetwegen auch hochverehrter Herr Schwiegervater! Unten im Heimlichen Grund, wo ich mich mit Deiner Marie getroffen, erkannten wir trotz der Dunkelzeit, wie Du auf mich anlegtest. Schützend warf sich Marie auf mich. Doch weniger deiner Flintenkugel wegen. Sondern weil im gleichen Augenblick ein Keiler mich auf seine Hauer nehmen wollte. Dabei stürzten wir Beide zu Boden. Und Dein Schuss traf über uns hinweg den Keiler mitten in seine Visage. Na ja, als dann noch der Andres dazukam, den mein Schuss gar nicht erwischt hatte, da sagten wir uns: als barmherzige Samariter tragen wir die unverhoffte Jagdbeute gleich ins richtige Haus hinein. Damit mein künftige, ebenfalls hochverehrte Frau Schwiegermutter dann einen deftigen Wildschweinbraten zum Verlobungsfest zusammenbruzeln kann.* (er hilft ihr auf die Beine)
Försterin: *Aber Robert, wo steckt denn dann unsere Marie?*
Förster: *Eben! Eben!*
(Er lässt sich von Andres und Wilhelm auf die Beine stellen)
Stein (steht in der Tür und schaut auf die Tragbahre): *Was ist denn das hier für eine unglaubliche Schweinerei?*
Förster: *Kommst Du etwa, um mich noch tiefer als ohnehin schon ins Elend zu stoßen?*
Stein: *Das hängt ganz von Deiner eigenen Einschätzung ab.* (Zeigt auf seine Mappe unter dem Arm) *Wiederannäherungshalber bringe ich einen uns betreffenden Vergleich in nur zwei Paragraphen.* (Will Ulrich die Mappe aushändigen)

Förster: *Mir aus den Augen! Unglück habe ich heute genug erlebt.*
Stein: *Na, dann muss ich (Mappe öffnende) Dir das Dokument vorlesen. Paragraph Eins: Christian Ulrich wird wieder sein altes Erbförsteramt eingesetzt. Paragraph Zwei: eine Durchforstung wird vorgenommen werden, wenn Roberts und Mariens siebentes Kind zur Welt gekommen ist.* (Klappt die Mappe zu)
Förster (innerlich bewegt auf ihn zu): *Meinetwegen auch schon nach dem sechsten Kind.*
Stein: *Ulrich! Mensch! Ich bin doch ein Esel gewesen.*
Förster: *Und ich ein noch viel größerer Esel als Du.* (sie umarmen sich)
Robert: *Das sieht ja jetzt so aus, als ob wir heute Abend noch Verlobung feiern könnten.*
Andres: *Und mit was sollen wir darauf anstoßen?*
Försterin: *Die Braut? Unsere Marie, wo bleibt sie bloß?*
Wilhelm: *Da!*
Marie (ein Tablett mitgefüllten Gläsern tragend)
Stein: *Meine Schwiegertochter in spe ist doch ein wirkliches Prachtmädel.*
Förster: *Oh Marie! Oh Marie! Wie konnte ich Dich bloß mit einem Wildschweinkeiler verwechseln?!*
(Jeder nimmt ein Glas)
Stein: *Also zu so später Stunde – keine unnötigen Reden – wir trinken auf Robert und Marie – unser Brautpaar, es lebe –*
Möller (stürzt zur Türe herein): *Herr Fabrikant – möchte Ihnen nur melden – die Soldaten aus der Stadt kommen nicht –*
Stein: *Wieso nicht? Warum nicht?*
Möller: *Als ich ihnen erzählte, die hier aus dem Försterhaus machten förmlich Jagd auf ihre Feinde im Wald, haben die Soldaten Tränen gelacht, und ihr Militärhauptmann am meisten.*
Stein: *Warum? Weshalb?*
Möller: *Der Erbförster von Düsterwalde würde niemals Zucht und Haltung verlieren. Seit vierzig Jahren herrsche dort im Walde die schönste Ordnung. Also kämen sie auch nicht. Ich hätte wohl einen gehoben.*

Stein: *Habt Ihr denn dem Hauptmann nicht klar gemacht, dass ich selbst Euch die Order erteilt habe, Soldaten anzufordern?*
Möller: *Ich tat es. Doch des Hauptmanns Antwort kann ich nicht wiedergeben.*
Stein: *Wie? Nicht? Heraus mit der Sprache! Spuckt es aus!*
Möller (gehemmt): *Der Hauptmann meinte, bei seiner Auftragserteilung müsste der alte Stein wohl total besoffen gewesen sein.*
Stein: *Nee! War er nicht. Aber vielleicht wird er es heute noch. Aber Ihr, Buchhalter Möller, dürft hier nicht mitfeiern. Geht sofort aufs Schloss zurück. Morgen habe ich mit euch noch ein Hühnchen zu rupfen.*
(Möller ab)
Försterin: *Na Kinder, nun hebt mal eure Gläser!*
Stein: *Robert und Marie! Werdet gescheiter als eure Väter! Und in diesem Sinne: Unsere Verlobten, sie sollen leben hoch!*
Alle (einfallend): *Hoch – hoch – hoch!*

ϟϡϟϡϟϡϟ

4. Die Makkabäer

In der jüdischen Bergstadt Modin bestehen insgeheim Spannungen zwischen den beiden gesellschaftlich führenden Priesterfamilien. Zum einen die des bereits altersschwachen Mattathias, der mit seiner couragierten Frau Lea sieben Söhne gezeugt hat: Jonathan, Johannes, Simon, Joachim, Benjamin, Leas Lieblingssohn Eleazar sowie den betont traditionsbewussten Judas. Jojakim ist ein Neffe von Mattathias und Lea. Zum anderen Simei, seine beiden Brüder, und aus der Folgegeneration Amri, Aaron und die Boastochter Neami, die mit Judas verheiratet ist.

Die Juden leiden unter der syrischen Besatzungsmacht, die mit dem König Antiochus (163–161 v. Chr.) und den beiden Heerführern Gorgias und Nikanor an der Spitze das Land fest im Griffe hat.

Während der Simei-Sippe daran liegt, mit den Besatzern friedlich zu einem erträglichen Modus Vivendi zu gelangen, ihre Glieder für ein Leben in Unterordnung und Demut plädieren, regt sich in der Mattathias-Sippe zunehmend die Empörung ob des religiösen Verfalls im Volke Israel: Das Wort Gottes – Jahwes, Jehovas – bleibe mehr und mehr unbeachtet, seine Gebote würden nur noch lax gehandhabt, und die jüdischen Mitbürger in der Hauptstadt Jerusalem hätten zunehmend – von den Syrern gefördert – griechische Bildung, Sitte und sogar Gewandung angenommen.

Lea versucht, ihre Umgebung aus deren Resignation aufzurütteln:

"Da mit der Verwirrung so die Zeit uns droht,
Die Stadt Modin verlangt von euch ein Beispiel –
Beschließt drum, Männer, wie ihr handeln wollt."

Beim Aufruf zum Widerstand setzt sie zunächst auf ihren Sohn Judas. Der jedoch schlägt mangels eigenen Ehrgeizes seinen Bruder Eleazar als Anführer vor. Der nun wiederum will auf eher diplomatische Weise die Syrer beschwichtigen, um dadurch dem eigenen Volk zu helfen. Lea in irrealer Vorfreude begrüßt ihren Lieblingssohn bereits als "Israels künftigen König." Judas dazu skeptisch: "Geh hin und sei der Sklav' des Scheins! – Juda will sein." Auch der alte Mattathias, der sein Ende herannahen fühlt, traut Eleazar keine Uneigennützigkeit zu, er wirke "für sich, nicht für das Volk". Deshalb lehnt er es auch ab, ihn zu segnen. Lea stellt sich dennoch vor ihren Sohn und damit gegen ihren Mann: "Wohl! Fluch ihn! Doch mir fluche mit!"

Da wird in Modin gemeldet, der syrische König habe in Jerusalem

"den Tempel
Erbrochen und entweiht, Er hat das Heiligste
Besudelt mit dem Blut unreiner Tiere."

Und obendrein aus der Bundeslade das Gesetzbuch genommen und zerfetzt.

Kurz danach erscheint am Ort Heerführer Gorgias mit seinen Soldaten, um einen steinernen heidnischen Altar errichten zu lassen; auf ihm sollen die Juden der Göttin Athene opfern. Die Reaktion der Leute von Modin ist geteilt. Amri zu seinem Priestervater Simei:

"Folg dem Syrer, so bewahrst Du
Des Volkes Leben vor Verderben. So
Hebst Du Dein Haus vor Mattathias' Haus."

Simei–Bruder Boas:

"Demütig beug Dich vor des Herren Hand,
In der der Syrer nur die Rute ist."

Simei selbst:
"Der Mensch will leben, wenn er sonst nichts will."

Und fällt vor dem heidnischen Altar auch noch auf die Knie, um das Volk von Modin zu retten.

Lea fordert ihren Eleazar auf, dem heidnischen Gottesfrevel entgegenzutreten. Der gibt ihr zu bedenken:

"Israel ist ein Nichts vor seiner Macht. Dem Syrer gehorcht die Welt."
Lea: *"Noch immer wählst Du?"*
Eleazar: *"Wozu willst Du mich hinreißen?"*

Seiner Mutter bedeutet er, dass er schon ob des Vaters Fluch aus Modin fliehen müsse. Denn inzwischen hat Juda seinen andere Brüdern befohlen, Waffen zu holen und die jüdischen Bürger Modins damit auszustatten. Zwar droht der syrische Nikanor:

"So hört, ihr Rasenden: Wer noch von nun an
Israels alten Gott verehrt, muß sterben!
Wer unseres Königs Götter höhnt, muß sterben!

Als Gorgias jedoch immer mehr bewaffnete Juden um sich herum erkennen muss, zieht er unter der Drohung der Rückkehr mit einer weit stärkeren Streitmacht samt seiner Soldaten ab.

Judas selbst hatte einem syrischen Soldaten dessen Schwert aus der Scheide gerissen und damit Priester Simei erstochen, anschließend den heidnischen Athene–Altar zerstört. Sein Anhang vermehrt sich von Sekunde zu Sekunde.

Nikanor: „*Bebt vor dem Zorn Antiochus'!*"
Judas: „*Er soll nur kommen, soll nur holen seinen zerbrochenen Gott!*"

Von dem sterbenden Vater Mattathias lässt er sich segnen und ruft auf zur Volkserhebung der Juden gegen die syrischen Besatzer:

„*Nun tönt, Posaunen, in das Kriegsgeschrei: Er will's. Schwert des Herrn und Juda!*"

Die Syrer sind von Judas und seinen Leuten in der Schlacht von Ammaus geschlagen worden, da meldet ein Bote das Herannahen einer großen syrischen Streitmacht:

„Herr, flieh, denn fürchterlicher naht der Feind,
Als den Du schlugst. Gen Abend starrt das Tal
Von Spießen zahllos, und der Schilde Glanz."

Der militärische Umschwung war dadurch eingetreten, dass mit Beginn des heiligen Sabbattages gemäß Gottes Weisung die gläubigen Juden ihre Waffen niedergelegt und sich freiwillig haben niedermetzeln lassen. Darob sind die Syrer mehr als nur überrascht. Und Nikanor meldet seinem König:

„Wehrlos, das Schild nicht brauchend, lassen sie
sich schlachten."

Und Gorgias:

„Noch mehr – unglaublich ist's – die Einen knieen
Und singen Psalmen, Andre werfen sich
Selbst in Unser Schwert."

Durch eine geheime Felsenschlucht dringen die Syrer gegen Modin vor. Aaron hatte den Weg dem Feind verraten. Ihn hat die kämpferische Lea im letzten Moment von ihren Mitbürgern sperren lassen können und wird deshalb gefeiert. Die Simei–Sippe verfolgt gegenüber den Syrern unverändert ihren irenischen Kurs:

„Gott selbst gab Israel in Feindeshand,
Wo's bleiben soll, bis Er es selbst errettet."

Das wankelmütige Volk votiert mal für, mal gegen Lea. Als der angesehene Bürgerälteste Issascher zur Hinrichtung der gesamten Simei–Sippe aufruft: „Reißt sie aus ihren Häusern! Steinigt sie!" fleht die Boastochter Naemi ihre Schwiegermutter Lea an, das Blutbad zu verhindern. Da meldet Jojakim, der von Gott verworfene, verruchte Judas habe seine Krieger „am Tag des heil'gen Sabbats kämpfen" lassen. Jetzt wendet sich das Volk von Lea ab. Die: „Noch ist nichts verloren, noch lebt Eleazar." Als sie erfahren muss, auch dieser habe sein Volk verraten, zerreißt sie ihr Gewand und bricht zusammen. Das Entsetzen der Bürger nutzt Amri aus, um Leas anwesende Söhne zu verhaften und König Antiochus zu übergeben.

Auf dem Wege von Modin nach Jerusalem lassen Amri und seine Leute die ihren Leuten folgende Lea gefesselt zurück. Naemi war ihr gefolgt und bindet sie los. Lea (sie erkennend):

„Du? Fort! Sei barmherzig! Du, die ich gehaßt?
Die
Ich verfolgt?
Zu Deinem Vater geh! Zu Deinen Göttern"
Naemi: Ich geh mit Dir, wohin Dein Fuß mich
führt. –
Der Tod soll mich von Judas' Mutter scheiden."

Kurz danach eine bedeutungslose Zufallsbegegnung der Eheleute Naemi und Judas.

In Jerusalems Straßen müssen Simon und Jonathan feststellen, dass dort inmitten von Hungersnot, Pest, Sterbenden und Leichen kein Mensch mehr über Kraft und Willen verfügt, sich von den Syrern zu befreien. Als aber Judas erscheint, schreit das Volk ihm zu: „Hosianna! Hosianna in der Höh! Judas, der Vater!" Und der verkündet ihnen:

„Nur noch zehn Tage haltet
Jerusalem, dann zieht ein Heer von Brüdern
Herein, euch zu befrei'n.
Auf, Brüder, nun zum Mahl und dann zum Sieg!"

Im königlichen Zelt erhält Antiochus seitens seines Gorgias Negativberichte. In seinem Heer breite sich Unzufriedenheit, fast schon Meuterei aus. Seine syrischen Soldaten habe das Grauen anlässlich der Sabbat–Abschlachterei befallen. Und in der eigenen Hauptstadt habe sich Neffe Demetrius an der Spitze von Rebellen erhoben und wolle ihm sogar den Thron streitig machen.

Zum Erschrecken des anwesenden Eleazar erscheint Lea und bittet den König um Gnade für ihre von ihm gefangen gehaltenen Söhne. Die dieser ihr vorführen lässt: „Bekehrung heißt ihr Leben, Weigerung Tod." Und entsprechend informiert Lea ihre Söhne:

„Dorthin seht! Jener Mann dort ist der König.
Er will euch leben lassen, wenn ihr euch
Von eurem Gott zu seinen Göttern wendet."

Die Söhne wählen den Weg in den Marterofen; Eleazar, davon zutiefst beeindruckt, sagt sich von Antiochus los und folgt seinen Brüdern

Judas überfällt mit seinen Leuten das königliche Zelt. Ihm macht Antiochus ein Vergleichsangebot: Er ziehe mit seinen Syrern ab aus dem jüdischen Land. Ihren angestammten Glauben dürfen die Juden wieder ungestört praktizieren: „Lebt fortan und sterbt eurem Gott!" Dem Judas erklärt er jedoch knallhart: „Deine Brüder kann kein Gott Dir wiedergeben." Als daraufhin Judas auf den König eindringen will, wirft sich Lea zwischen beide:

„Zurück, Sohn Mattathias'! Laß ihn ziehen!
Im Namen des, der war und immer sein wird.
Setz nicht der Brüder Sieg aufs Spiel,
Den sterbend sie ersiegten. – Hier hat Gott geweilt.
Bet an!" (sie stirbt)

Während die Syrer abziehen, erheben die Israeliten den Judas zu ihrem König.

※※※※※※

Mit seinen Makkabäern schwebte Otto Ludwig ein Volkserhebungsdrama vor. Ähnlich wie sich im Wilhelm Tell des – trotz aller gegenteiligen Äußerungen – von ihm insgeheim bewunderten Schillers die Schweizer gegen die Habsburgische Fremdherrschaft auflehnen, so hier das geknechtete Volk Israel gegen die syrische Besatzungsmacht.

Doch sofort fällt ein gravierender Unterschied auf. Die Volkserhebung gründet sich nicht wie im anderen Fall auf Schikanen, Ausbeutung, Gräueltaten der Besatzer, sondern auf das eigene Verhältnis zu Gott Jehova. Oder genauer: auf dessen Wort und Weisung. Auf dessen Gebote. Auf dessen Befehle. Misshandlungen oder Vergleichbares seitens der syrischen Besatzungsmacht werden auch nicht oder kaum erwähnt. wohl aber ballt sich der Unwille des Volkes während des II. Aktes erstmals zusammen, als der vom syrischen König verübte Jerusalemer Tempelfrevel bekannt wird. Und er steigert sich zur hellen Empörung vor den Toren Modins, als danach in einer gezielten Provokation der syrische Anführer Gorgias einen heidnischen Opferaltar für die Göttin Athene errichten lässt, vor dem die Juden ausnahmslos dann auch zu beten und zu opfern hätten. Schlimmer dann noch die rigorose Wirkungsmacht des dritten jener Zehn Gebote im III. Akt. Als die jüdischen Kämpfer, nur weil der Sabbattag gerade angebrochen ist, ihre Waffen niederlegen und sich von den syrischen Soldaten abschlachten lassen. Am Groteskesten jedoch das Verhalten von Leas Söhnen vor dem syrischen König, der ihnen Freiheit dagegen die Zusage anbietet, sich von ihrem Jehova ab– und den heidnischen Göttern zuzuwenden. Worauf sie freiwillig, ja freudig in den Feuerofentod gehen.

Auch wenn stoffmäßig Ludwig aus den beiden legendär unhistorischen, apokryphen Makkabäerbüchern der Bibel schöpfte, so ist eine solche religiös unbeugsame Verhaltensweise – Leas „Sie haben gesiegt" – heute nicht mehr zu vermitteln. Und einem durchschnittlichen Theaterpublikum schon gar nicht. Vereinzelte Blutzeugen wird es zwar immer geben. Doch zumindest in unseren Zonen sind die Menschen zu intensiv bereits durch die Aufklärung während des 18. Jahrhunderts und erst recht durch das vehement sich ausbreitende Neuheidentum des 20. Jahrhunderts hindurchgegangen, als dass sei einen religiös fundierten, glaubensbedingten Massenfanatismus wie den in den *Makkabäern* auch nur annähernd noch begreifen oder gar akzeptieren könnten. Das in erster Linie erklärt das Verschwinden des Dramas von den damaligen und heutigen Bühnen.

Einzelne Partien zeigen gleichwohl Ludwigs überdurchschnittliche Begabung. Etwa die Darstellung des wankelmütigen Volkes in der Zweithälfte des III: Aktes, das je nach der Bedeutsamkeit der eingehenden Botenmeldungen einmal sich für Lea erklärt, dann wieder sich gegen sie wendet. Oder der von Anbeginn an latente Gegensatz zwischen den beiden Priesterfamilien des Mattathias und des Simei. Soll im Untergrund gegen die Besatzungsmacht Widerstand organisiert werden? Oder soll man sich mit ihr arrangieren?

Seit eh und je ist die kämpferische Gestalt der impulsiven Lea aus dem Geschlecht Davids, Mutter von sieben Söhnen, in den Mittelpunkt jenes Geschehens gerückt worden. Zu Beginn steht sie im inneren Konflikt. Die für die Befreiung ihres Volkes jederzeit konzessionslos opferbereite Frau setzt auf die Energie ihres Sohne Judas:

> *„Juda, Mattathias' Sohn!*
> *Der Mann in Juda fände seine Stunde*
> *Die Stunde nicht in Juda ihren Mann?"*

Es sei wiederholt: bald danach grüßt sie jedoch ihren Lieblingssohn Eleazar als „Israels künd'gen König." Der sieht sich daraufhin schon selbst so, und Judas vermag das nur mit den resignierenden Worten zu quittieren: "Geh hin und sei der Sklav' des Scheins, des Syrers. Judas will sein." Auch im II. Akt setzt sie sich für Eleazar ein, der inzwischen mit leidlichem Erfolg versucht hat, gute Beziehungen zu den Besatzern zu entwickeln. Sie nimmt ihn sogar gegenüber Ehemann Mattathias in Schutz. Doch dass Modin besatzungsfrei wird, ist nur Judas zu danken, der seine Mitbürger zur eigenen Bewaffnung und schließlich zum Volksaufstand gegen die Syrer aufruft. Leas innerer Konflikt löst sich erst nach der Kunde von Eleazars Verrat auf. Erst ganz am Schluss erlebt sie die Genugtuung, dass ihr Eleazar sich seinen Brüdern auf dem Weg zum Feuerofen anschließt. Mit dem „Zurück" auf den Lippen gegen den siegreichen anderen Sohn Judas stirbt sie.

Jenes Dreiecksverhältnis zwischen Mutter und den beiden Söhnen ist nicht überzeugend ausbalanciert. Und auch darunter leidet die Wirkungsmächtigkeit des Gesamtdramas.

Die an sich interessant angelegte Rolle des Eleazar gewinnt im weiten Verlauf nicht hinreichend an Konturen. Mitgefühlt mit dem tragisch Verstrickten bleibt aus. Um so eindeutiger die Heldenrolle des Judas, der mit seinen mutigen Aktionen, flammenden Appellen, Durchhalteparolen und seiner emphatischen Siegeszuversicht die Sache seines Volkes dann auch zu einem glücklichen Ende führt. Eine unkomplizierte, freilich auch kaum in sich differenzierte Erscheinung!

Um so blässlicher Schwiegertochter Naemi. Von der sich Lea selbst dann getrennt halten will, als Naemi sie von ihren Fesseln befreit, ihr ihre Anhänglichkeit bekundet. Noch ärgerlicher die sich dem anschließende Kurzbegegnung Naemis mit Ehemann Judas, der nur belanglose Worte mit ihr wechselt und sie schnellstens wieder verlässt. Gerade hier dürfte Ludwig vor allem in der Dialogführung eine großartige Szenengestaltung versäumt haben.

Die Begegnung zwischen dem römischen Gesandten in Juda, Ämilius Barbus, und Judas erweist sich als handlungshemmend und überflüssig. Obwohl sie letzterem eine gute Gelegenheit verschafft, das großzügig erscheinende Bündnisangebot des anderen als fadenscheinig zu durchschauen und mit ironischer Überlegenheit zu beantworten.

Die Verwendung des Blankverses ist dem Ganzen überwiegend nicht gut bekommen. Vor allem nicht während der Massenszenen, die eine variable

Prosa weit besser vertragen hätten. Manche Verse sind zudem so verschachtelt, dass man um deren Verstehen ringen muss. Die Fülle an Wortapostrophen zeigt mittelbar die Hemmnisse mit den Fünfhebern an.

Störend bemerkbar macht sich der Aufwand an Kniefällen (nach Vers 559/638/947/1488/1734/1763/1881/1927/2008/2055/2085/2107/2146/2221/2281): Lea vor Eleazar, Eleazar vor Mattathias, Judas vor Mattathias' Leiche, Boas vor dem Volk, Lea vor Naemi, Naemi vor Judas, Volk von Jerusalem vor Judas, Nikanor vor Antiochus, Lea viermal vor Antiochus, Jojakim vor Lea, Eleazar vor Antiochus, Judas vor Leas Leiche.

Nahezu unerträglich wirken sich jedoch die Unglaubwürdigkeiten im Handlungsverlauf selbst aus: im II. Akt der Abzug der bewaffneten Syrer angesichts der ihnen unterlegenen, zunächst noch unbewaffneten Isrealis. Deren Gefechtsstreik im III. Akt angesichts des angebrochenen Sabbats: sie singen Psalmen, werfen sich in der Feinde Schwerter und „berauschen sich im Trank des Todes." Obendrein die plötzliche Verhaftung gleich aller vor Modin anwesenden Söhne Leas durch Amri, so gleichsam im Handstreich. Dazu die im IV. Akt in den Straßen von Jerusalem hilflos liegenden Pestkranken, Hungernden und Sterbenden, die gleichwohl bei Judas' Erscheinen begeistert Hosianna schreien. Im V. Akt der angeblich gelungen Überfall des Judas auf Antiochus; dessen Zelt wäre im Schutze dessen Leibgarde allemal unangreifbar gewesen.

Bereits die viel zu lange Personalliste – 30 Mitwirkende, dazu syrische und jüdische Krieger, Bürger von Modin, Greise, Frauen „Jungfrauen, Mägde, Kinder – indiziert, dass der Autor den gewählten Stoff nicht gestaltend bewältigt hat. Fast zwei Drittel der Genannten ließen sich bei gelungener Straffung eliminieren.

I. und II. Aufzug – beide vor den Toren Modins spielend – sollte man in einem einzigen Akt zusammenfassen. Vom bisherigen III: Akt ließe sich die wiederum vor Modin angesiedelte Verwandlungsszene – Lea inmitten der launenhaften Volksmenge – streichen. An die unverzichtbare Erstszene am Rande des Schlachtfeldes von Ammaus wäre zwanglos die Felsenwegszene des jetzigen IV. Aktes anzuschließen. Während dessen Verwandlungsszene in Jerusalem sich abermals als entbehrlich erweist. Der V. Akt „Im Zelt des Antiochus" sollte/müsste ungeachtet aller Unglaubwürdigkeiten und Fatalitäten ungekürzt durchgestanden werden.

Am Gelungensten erweist sich der II. Akt, in welchem die Syrer provokant vor den Juden einen heidnischen Opferaltar errichten. Der dann funktional etwa so wirken soll wie der Geßlerhut in der Apfelschuss–Szene von Schillers Tell.

Doch bei solchem Vergleich erkennt man dann eben doch besonders deutlich die strategische Szenengestaltungskraft des Weimarer Klassikers. Die einem Otto Ludwig nicht oder nur partiell zur Verfügung stand. Mag der „Tell" auch bilderbogenmäßig aufgefächert sein, eine überlegene Meisterhand hält gleichwohl alle Handlungsstränge zusammen und führt sie sicher zum gebündelten Resultat. In den Makkabäern hingegen wird man während der Suche nach dem Schwerpunkt des Geschehens unsicher. Gewiss hat Ludwig in bester Absicht versucht, die Aktionskreise um Lea, Eleazar und Juda, um die Siemi–Sippe und um die syrischen Potentaten einander organisch zuzuordnen. Doch am Schluss kann man sich nicht des Eindrucks erwehren, dass sie auseinanderdriften. Allen Demonstrationen des Judas zum Trotz wird eine Generallinie nicht erlebbar. Der Zufall regiert, nicht die innere Logik. Nicht die Tat oder die Tatenkette eines Rollenträgers entscheidet, sondern Sieg oder Niederlage in einer Schlacht, ähnlich in Grillparzers *König Ottokar*.

Eine dramatische Bearbeitung des Stoffes fand Otto Ludwig in Zacharias Werners *Die Mutter der Makkabäer* (1820) vor. Wurde hier Lea zur Zentralgestalt, so um so eindeutiger ihr siegreicher Sohn Judas zuvor im grandiosen barocken Spätoratorium Judas Makkabäus von Georg Friedrich Händel (1746).

Erstmals im Jahr der Erbförster–Uraufführung 1850 ging Ludwig den Stoff an. Er ankerte in der Bigamie des Judas. Der hochmütigen Lea stellte er die zunächst zartbesaitete, demütige Thirza gegenüber. Die im weiteren Verlauf höchsteigen in Männerkleidung gegen die Syrer in den Kampf zieht und ihrem Judas den Sieg verschafft: „Dies Motiv war eben der Kern des ganzen Stückes."

Die Zweitbearbeitung im Folgejahr 1851 verschob das Handlungsschwergewicht auf die Lea, diesmal als „Die Mutter der Makkabäer", die mit übermenschlichem Heroismus die Vertreibung der Syrer in die Wege leitet. Ludwig gestand sich dabei freilich ein: „Bei der Umarbeitung, die auf keine Weise gelingen wollte, verlor ich die Unbefangenheit des Schaffens."

In der dritten, der schließlichen Endfassung, verblasst zwar die von Lea verachtete Schwiegertochter Naemi, doch trat jetzt der bereits erwähnte Gegensatz zwischen den Brüdern Judas und Eleazar hervor. Den meisten Rollenträgern kam jetzt eine präzisere und markantere Charakterisierung zugute. Das Gebot der Sabbatstagsheiligung mit seiner folgenschweren Praktizierung bestimmte nunmehr maßgeblich das Geschehen. Zum Jahreswechsel 1851/52 angegangen, beendete Ludwig seine Drittfassung im Sommer 1852. In seiner verhängnisvoll radikalen Abkehr vom malerischen, detailgetreuen Poetischen Realismus seines Erbförsters war er im Bereich des monumentalen Historiendramas angelangt.

Seine bewährten Freundeshelfer setzten *Die Makkabäer*, wie er das Stück nunmehr titulierte, auf den führenden Bühnen durch. Unter Heinrich Laube erfolgte am 1.11.1852 die Uraufführung am Wiener Burgtheater. Eduard Devrient ermöglichte am 9.1.1853 die Erstaufführung am Dresdner Hoftheater. Andere Bühnen folgten.

Die strukturellen Schwächen des Stückes offenbarten sich freilich ziemlich rasch. Über die Wiener Premiere berichtet Laube: „Am Schluss des II. Aktes ein unerhörter Erfolg. Im III. Akt eine völlige Niederlage; die verwirrenden Nachrichten [...] wurden ausgelacht. Die letzten Akte hatten Mühe, dem Stücke notdürftig wieder von solchem Falle aufzuhelfen. Der Besuch bleibt aus, das Stück ist nicht zu halten auf dem Repertoire." Überarbeitend griff Laube ein, vor allem im dritten Akt, aber nicht nur dort. „So konnte er die Makkabäer im Repertoire halten, solange er Burgtheaterdirektor war."

Doch solch einsamer Freundesdienst fehlte anderswo. Schließlich erkannte Otto Ludwig selbst: "Der Fehler lag im Plane; er war zu episch, das Interesse nicht genug auf einen Vorgang zwischen den Helden konzentriert." Wenn Laube an der Drittfassung moniert „Sie hat zwei Helden, Lea und Juda. Solche Fülle ist sehr mißlich", so ist das gewiss einer der Gründe – nicht der einzige! – für den schleichenden Misserfolg.

Hatte bereits das Wien zur Beethovenzeit (1818) ein Makkabäerdrama mit Musik des Ignaz von Seyfried auf den Brettern gesehen, so verfasste ein Jahrzehnt nach Ludwigs Tod Anton Rubinstein ein Opernwerk gleichen Titels. Dessen Librettisierung durch Mosenthal ersparte sich der jungverstorbene Rudolf Beyer, der Ludwigs Originaltext mit Ouvertüre und Zwischenaktmusiken versah.

Eine erfolgversprechende Rückkehr von Otto Ludwigs Makkabäern ins Bühnenrepertoire lässt sich nicht prognostizieren. Sie erscheint nach dem Ausgeführten ziemlich aussichtslos. So lebt denn die Gestalt des Judas Makkabäus auch hinfort nur in Händels gewaltigem Oratorium fort. Auch wenn in ihm der biblische Stoff nur vordergründig herhalten musste für eine triumphale Eloge auf den Sieg der Engländer über die Schotten in der Schlacht von Culloden (1746).

5. Agnes Bernauer, Fragment

Das Schicksal der schönen Augsburger Baderstochter Agnes Bernauer, die den bayrischen Herzogssohn Albrecht liebt, sich heimlich mit ihm trauen lässt und deshalb von dessen Vater, dem regierenden Herzog Ernst in den Tod geschickt wird, hat die Jahrhunderte hindurch viele Menschen beschäftigt, auch Historiker, Schriftsteller, Dichter. Schon seiner unentwirrbaren Problematik wegen musste der Stoff eine grüblerische Natur wie Otto Ludwig fesseln. Und das fast drei Jahrzehnte hindurch! Jene Beschäftigung brachte dann freilich doch keine Tragödie für die Bühne zuwege, die vor seinen kritischen Augen hätte bestehen können; sie wurde ihm selbst zur persönlichen schöpferischen Tragödie.

Noch in seinem Geburtsort Eisfeld packt der singuläre Stoff den Anfangzwanziger. 1837 nimmt er ihn sich erstmals konkret vor, bearbeitet ihn 1840 in Leipzig, zweimal im Jahre 1842 und sendet 1843 eine Erstfassung des "Engels von Augsburg" an die Dramaturgie des Dresdner Hoftheaters. Nach der Niederschrift von zwei anderen Tragödien arbeitet er 1846 an einer weiteren Fassung und übermittelt sie erneut dem Dresdner Hoftheater, wo das Stück abermals abgelehnt wird. Daraufhin resigniert der Dichter vorerst.

Nach den Bühnenerfolgen des *Erbförsters* und der *Makkabäer* befasst sich Ludwig abermals intensiv mit seiner Bernauerin. Doch jene Jahre 1853 bis 1855 sehen nur eine Anzahl von Fragmenten. Im Jahre 1856 bleibt es bei einem weiteren Fragment.

1859 gibt er dem Eingangsakt eine abschließende Formung. Ein Jahr vor seinem Tod belässt es Ludwig 1864 bei seinem letzten Bernauerentwurf.

Die Begründung der ersten Dresdner Ablehnung 1843 seitens des Hoftheaterintendanten von Lüttichau erweist sich als fadenscheinig: der mit der königlich–sächsischen Familie „nahe verwandte königlich–bayrische Hof könnte kompromittiert werden." Denn wenige Jahre später führt der Münchner

Hoftheaterintendant Franz von Dingelstedt Hebbels *Agnes Bernauer* in Bayerns Residenz mit großem Erfolg auf, ohne dass Missmut darüber in den dortigen höchsten Kreisen aufgekommen wäre.

Ernster musste Ludwig fachmännische Negativurteile zur Kenntnis nehmen. Der jetzt in Potsdam lebende „König der Romantik" Ludwig Tieck, zuvor viele Jahre hindurch selbst Dresdner Hoftheaterdramaturg, vermochte die Gesamtstruktur des Stückes nicht gutzuheißen. Freund Eduard Devrient, partiell dessen Nachfolger im Amt: „Die Komposition wimmelt von Irrtümern." Später: „Ich halte die Bearbeitung dieses Stoffes für unmöglich; der Ausgang wird uns nie befriedigen." Dingelstedt in München lehnt 1855 Ludwigs Offerte ab; eine Tragödie möge er ihm getrost zusenden, aber „die nur keine Agnes Bernauer sein möge." Laube in Wien, der sich so rückhaltlos für die *Makkabäer* eingesetzt hatte, geht zu dem neuen Sujet ebenfalls auf Distanz.

Selbst verhielt sich der Dichter gegenüber seiner Bernauerin keineswegs unkritisch. Laube gegenüber konzediert er schon im Jahre 1844, seine Bernauer sei unpraktisch und bühnenungeeignet, zwei Jahre Devrient gegenüber, sie sei „noch immer ein Marmorblock und kein Gott geworden", leide vielmehr an „Übervollsaftigkeit", Gutzkow gegenüber 1847, dass er jenes „ganz wilde Ding [...] in die Länge eines Bühnenstückes zusammendrängte", was „ihm sein skizzenhaftes Ansehen gegeben."

Jahre später, als er sich des Bernauerstoffes erneut annahm (1853), gesteht er seinem Freunde Devrient, er „habe viel vergebliche Zeit an die unglückliche, deshalb auch für mich unglückliche Agnes Bernauer gewandt." Im Jahre drauf erfährt Devrient: „Die Ergänzungen machen die Agnes zu einem passiven Ideal. Danach müssen Albrecht und sein Vater die ausschließlichen Hauptpersonen werden, und die Agnes wird zu einer bloßen Dulderin und Sterberin." 1856 meldet er Freund Auerbach: „Meinen Engelsplan habe ich nun völlig in Ordnung und bin bereits in der Mitte des ersten Aktes." Doch viel weiter kommt er nicht damit: „Der Poet verdirbt immer dem Dramatiker die Arbeit und umgekehrt. Erkannte Otto Ludwig nun endlich selbst, dass er im Bereich der in jenen Jahren entstehenden Meisternovellen zu Hause wäre, nicht aber in dem der Bühnentragödie? dämmerte ihm – so am 7.1.1857 an Emanuel Geibel –, dass er von jenem „unglückseligen dramatischen Opus" endgültig lassen sollte?

Präzisen Nachforschungen in seinem Nachlass zufolge hinterließ er bei seiner Bernauerin während eines knappen Menschenalters (1837–1864)

80 Entwürfe auf insgesamt 2757 Seiten. In der Hinterlassenschaft seiner Tochter Cordelia außerdem das Anfangskapitel einer Agnes Bernauer in Romanform (1854). Da lässt es wahrhaftig erstaunen, wie viel Geschehnisabläufe nebst Varianten sich dem gleichen historischen Stoff entlocken ließen. Auch dann noch, als der Dichter seine spielbaren Dramen *Erbförster* und *Makkabäer* längst in die Welt geschickt hatte.

Hierbei dürfte die Titelpartie selbst die tiefgreifendsten Wandlungen erfahren haben. Die zuerst ausschließlich mit der Ausstrahlung ihrer attraktiven körperlichen Reize Wirkung erzielt. Die für mehrere Maler Urbild deren Madonnenbilder wird. Wobei dann eines derselben den jungen herzoglichen Prinzen Albrecht so fasziniert, dass er nach dem Original zu forschen beginnt, wobei ihn Agnes auf die richtige Fährte setzt. Die dann aber gegenüber ihrer intriganten Konkurrentin um Albrechts Huld, der temperamentvollen Italienerin Isotta, durchaus zur Gegenintrige fähig ist. Sie strebt nach gesellschaftlicher Anerkennung inmitten prachtvollen Ambientes, sie will in Glanz und Gloria aufsteigen, sie will es schaffen, eines Tages als Herzogin inthronisiert zu werden. Doch bald weicht bei Otto Ludwig die ehrgeizige, eitle Schönheitskönigin der radikal Liebenden, die nur für ihren Prinzen Albrecht da sein will. Der lässt sich in seinem Leichtsinn und seiner Besitzgier dazu hinreißen, sich heimlich mit ihr trauen zu lassen. Doch die glückliche Liebe und harmonische Zweierbeziehung im Verborgenen genügen nach einem Zeitablauf der vormaligen Baderstochter nicht. Zum Erstaunen Albrechts fordert sie sein Bekenntnis zum Ehebund in der Öffentlichkeit. Jetzt stellt sie Ehre über Liebe. Und damit rollt das „tragische" Geschehen an, das der Dichter nie zu einem befriedigenden Abschluss bringen sollte.

Es dürfte sich nicht mehr klären lassen, mit wie viel persönlicher Einzelschuld der Dichter den Prinzen Albrecht oder die Bernauerin oder beide im unlösbaren Verbund letzthin befrachten wollte.

In seinen *Dramatischen Studien* weist er auf „zwei Möglichkeiten der Liebestragödie" hin: „Entweder die Liebe siegt im Kampfe gegen die Welt, die zwar über Glück und Leben, aber nicht über Treue der Liebenden Gewalt hat. Oder die Welt gewinnt an Gewalt auch über das Innere der Liebenden durch die Schuld der Liebe."

Ludwigs Fragment von 1859 – dem im übertragenen Sinne wohl doch eine gewisse testamentarische Bedeutung zukommt – gedieh leider nicht über den I. Akt hinaus. Überzeugend lässt es die unbestrittenen poetischen Vorzüge des Dichters erkennen: die gefällige Introduktion in das farbenfrohe Treiben der Reichsstadt Augsburg, die kurze, aber treffende Charakterisierung wichtiger Personen, nicht nur Albrechts und Agnes', die sich steigernde Eifersucht des Gesellen im väterlichen Gewerbe, des als Agnesverlobten designierten Raimund, die mit wenig Strichen gekennzeichneten Figuren des Prinzengefährten Gundelfinger, des Baders und Chirurgus Bernauer, ja selbst schon hier zu Beginn des kurz und knapp bestimmenden Herzogs Ernst. Mag auch Letzteren Antwort auf seines Kanzlers Bericht 40 Verse umfassen, so imponiert doch die sprachliche Kunst. Die es sich auf Shakespeares Spuren ohne weiteres leisten kann, von der Prosa in den Blankvers zu münden und umgekehrt. Beachtenswert jener Wechsel vor allem während der 17. Szene, als der mit seinen Freunden prosaisch diskutierende Prinz beim plötzlichen Anblick der schönen Agnes sich in die Gefilde der Fünfheber treiben lässt:

„Oh still! Da naht sich's wieder. Heilige Schönheit!
Du meines Atems Göttin, all mein Herz
Liegt auf den Knien vor Dir. Nimm hin zu Eigen!"

Doch schon beim Erfassen jenes Eröffnungsaktes befremdet, dass er bildmäßig gedrittelt ist, dass sich der Dichter angesichts keineswegs auseinanderklaffender Vorgänge zu zwei Verwandlungen und damit zu unnötigen Kulissenschiebereien hat verleiten lassen. Bereits hier erwacht die Ahnung, ihm könnte das auf die Vollendung des Gesamten hin zu Strukturierende wieder einmal aus dem Ruder laufen.

Der so bewundernswert Menschen Charakterisiernde, deren Begegnungen, Reaktionen, Konflikte miteinander Motivierende, dazu – wenn es sein muss – die angemessene Stimmung Herbeizaubernde, ihm bleibt es versagt, einzelne Szenen organisch in eine sich wölbende Rundung des dramatischen Gesamtbaues einzugliedern. Noch so gut gezeichnete Rollenträger werden ihrer dramatischen Funktion nicht gerecht, wenn es ihnen versagt bleibt, die Handlung möglichst stoßkräftig voranzutreiben. Was nützen eine unerschöpfliche Erfindungsquelle, sorgsam spekulative Berechnungen, theoretisch zutreffende Betrachtungen über den tektonischen Fortgang, wenn die Architektur des dramatischen Gebildes nicht angegangen, nicht realisiert wird? Wenn an sich hochachtenswertes Mühen und Formenwollen eines „leider zerdrückten Genies" (Mommsen) sich am Ende in Planvorstellungen, Entwürfen und skizzenhaften

Fragmenten erschöpft? Was haben eingesprenkelte Lieder und Balladen in einem „Engel von Augsburg" wie dem Entwurf von 1846 zu suchen, der als „Eine dramatische Rittergeschichte in fünf Abteilungen" zusätzlich firmierte?

Wie anders ein geborener Dramatiker wie Friedrich Hebbel in seiner 1852 höchst erfolgreich uraufgeführten Agnes Bernauer! Der lässt in seinem Bühnenstück das Hauptgeschehen schnell anrollen. Der von der Augsburger Baderstochter faszinierte Albrecht heiratet sie heimlich. Solcher Missachtung der damaligen Standesschranken wegen erfolgen Warnungen auf beiden Seiten: an den Prinzen seitens seiner Freunde, seitens des Baders und Chirurgus an seine Tochter, die er noch schnell seinem Gesellen Theobald antrauen will, da ansonsten ein höllischer Konflikt mit dem Herzogsvater Ernst bevorsteht. Der seinen Sohn und Nachfolger mit einer standesebenbürtigen Welfenprinzessin demnächst verheiraten will. Der Herzog, der des Sohnes Trauung verwirft, enterbt ihn. Doch Albrecht kann auf die Sympathien der Bevölkerung für seinen Bund mit Agnes hoffen. Angesichts eines drohenden Bürgerkrieges unterschreibt Herzog Ernst das Todesurteil und lässt die schutzlose Agnes in der Donau ertränken, während er seinen Sohn von ihr zu einem Ingolstädter Turnier fortgelockt hatte. Daraufhin bricht der befürchtete Bürgerkrieg tatsächlich aus. Auf dem Schlachtfeld kapituliert Ernst. Er übergibt Albrecht den Herzogsstab und dankt ab.

So geht es bei Hebbel Schlag auf Schlag. Zur Niederschrift seiner Bernauer benötigte er nur das letzte Quartal des Jahres 1851. Otto Ludwig hat es nie ausgesprochen und hätte es auch vor sich selbst nie zugegeben, und doch liegt es nahe: Hebbels Bühnenerfolg hat ihm den letzten Impuls geraubt, eines seiner eigenen Bernauerin–Fragmente der Vollendung entgegen zu führen.

Doch auch Hebbels Stück hat zwischenzeitlich sein früheres Heimatrecht auf deutschen Bühnen verloren. Mehr denn je würde heute der vollzogene, keineswegs zwingende Justizmord stärkstens befremden, ähnlich dem in Grillparzers *Jüdin von Toledo*. Auch wenn mehr als ein Halbjahrtausend dazwischenliegt: heutige Theaterbesucher wenden sich unweigerlich empört von dem gewaltsamen Ertränken der schutzlosen Frau in der Donau ab. Und erst recht von dem Zynismus des Hebbelschen Herzogs Ernst, der nach der Ermordung der „Hexe" Agnes Bernauer auf einmal tränenreich bereit ist, deren Ehe mit seinem Sohn posthum als legitim anzuerkennen. Anschließend die angebliche „Aussöhnung" zwischen Vater und Sohn, die nach dem Vorgefallenen der Betrachter beiden nicht abnimmt, vielmehr entgegen der Intention des Autors geneigt ist, sie als abgrundtiefe Heuchelei zu entlarven. Auch dies mag einen Otto Ludwig zusätzlich davon abgehalten haben, seinen Lieblingsstoff einer sich vollendenden Gestaltung zuzuführen.

Existierte nicht die Möglichkeit einer humanen Konfliktlösung? Die passte freilich einem Hebbel, der alle Konflikte bis zu prallen Zusammenstößen auf die Spitze treiben musste, von vornherein nicht in Konzept. Und so positionierte er seinen Herzog Ernst derart, dass ein unüberbrückbarer Gegensatz zwischen Individuum und angeblicher Volksgemeinschaft, zwischen aufrichtiger Liebe und dynastischem Staatsinteresse in den Vordergrund geschoben wurde: „Es ist in meinem Drama [...] anschaulich gemacht, dass das Individuum [...] sich der Gesellschaft unter allen Umständen beugen muss." Muss es das, wenn das Gemeinwesen infolge einer standesunterschiedlichen Ehe überhaupt nicht gefährdet wird, ein Herzog vielmehr lediglich seine egoistischen Erbfolgepläne durchkreuzt sieht? Die Zusatzkomponente des Gegensatzes Einzelwesen/Gemeinwesen hat Ludwig auch gesehen, doch viele Jahre hindurch nach einem akzeptablen Konfliktlösungsweg gesucht. Ohne ihm auf die Spur zu kommen. Wie wäre es da mit einem Versuch, die duldende Agnes aus ihrer Opferrolle in die einer hochdramatischen Handlungsträgerin herauszuheben, die dann ihrerseits den Ausgang des Stückes entscheidet?

Man vergegenwärtige sich noch einmal: den Prinzen und die schöne Baderstochter verbindet eine so leidenschaftliche wie aufrichtige Liebe zueinander mit entsprechendem seelischen Tiefgang. Sie heiraten insgeheim. Doch langsam wandelt sich Agnes. Sie will ihr Glück nicht nur im Verborgenen. Entgegen Albrechts Wunsch – darin liegt ihre Schuld – lässt sie von der Ehe die Öffentlichkeit erfahren. Schlimmste Reaktion darauf: das Entsetzen des Herzogs Ernst, der gerade die braunschweigische Prinzessin Anna seinem Sohn als legitime Gattin zuführen will. Nach schweren inneren Kämpfen schließt Albrecht mit seinem Vater – wodurch Volksempörung und Bürgerkrieg vermieden werden – folgenden Kompromiss: die Ehe des Prinzen mit Agnes wird vertraglich zu einer morganatischen – sogenannten Ehe zur linken Hand – deklariert, womit das entscheidende Hindernis für eine standesgemäße Ehe mit der Prinzessin Anna aus dem Wege geräumt ist; deren Hauptaufgabe ja darin besteht, legitime Erben zur dynastischen Absicherung zu gebären und dadurch vor allem den regierenden Vater/Schwiegervater, den Herzog Ernst zufrieden zu stellen. Doch Agnes, die sich aus Liebe zu Albrecht mit solcher Lösung zunächst abfindet, leidet mehr und mehr unter der Existenz der höhergestellten Nebenbuhlerin. Nach einem schmerzvollen Entwicklungsprozess siegt in ihr das Ehrgefühl über das verschattete Liebesglück. Sie erkennt schließlich keine andere Lösung, als sich selbst den Tod zu geben.

Nicht so sehr die äußere geschehensverhaftete als vielmehr die innerseelische Dramatik würde ein solches Drama prägen. Doch damit etabliert sich auch die echte Tragik, die bei Hebbels trauriger Justizmordlösung überhaupt nicht aufkommen kann, und die Otto Ludwig ein halbes Leben hindurch – bedauerlicherweise vergebens – nicht aufzuspüren vermochte.

༺༻༺༻༺༻༺༻

Neben der Bernauerin beschäftigten ihn vor allem im letzten Lebensjahrzwölft auch noch andere Projekte wie etwa Marino Falieri, Arminius, Cromwell, König Alfred, Das Wirtshaus am Rhein, Der tolle Heinrich, bewusst gegen Schiller ein Waldstein, eine Maria von Schottland, Darnleys Tod, Genoveva, die Freunde von Imola, ganz zuletzt Tiberius Gracchus.

Gleichwohl: die schöne Augsburger Bürgerstochter gewann unter all den diffusen Plänen noch die meiste Gestalt.

V. Dramatische Studien

Otto Ludwig hinterließ nicht nur eine kaum noch überschaubare Fülle an fixierten Plänen, Entwürfen, Skizzen und Fragmenten für noch zu gestaltende Bühnenwerke, sondern auch in enormem Umfang theoretische Hinweise, Beobachtungen, Erkenntnisse, Forderungen auf dem dramatischen Sektor, betreffend das Werk anderer Autoren, namentlich Shakespeares. Während des Dichters *Romanstudien* (1858–1860) da nicht annähernd mithalten können.

Diese mitunter aphoristischen *Dramatischen Studien* unterschiedlichen Umfangs und ungleicher Gewichtung verteilen sich etwa auf zwei Jahrzehnte bis zu seinem Tod 1865. Im Nachlass fanden sie sich oft nur zettelartig verstreut, vielfach aber auch schon in Heften gesammelt. Anfangs wohl nicht für eine Veröffentlichung vorgesehen, plante der Dichter gegen Lebensende dieselbe dann doch; denn ohne Sichtung und ordnende Gliederung – so an den befreundeten Schauspieler Lewinsky – „würde sich schwerlich in dem Material, wie es jetzt vorliegt, Jemand zurecht finden."

Nach Otto Ludwigs Ableben hat dann der ihm besonders nahe stehende Freund Moritz Heydrich jenes dramaturgische Sammelsurium in chronologischer Folge erstmals herausgebracht. Später wurden die *Shakespeare–Studien* nach der übersichtlich gegliederten Neuausgabe von Adolf Stern zu einem festen Begriff, zu einer bewunderten Novität innerhalb der Literaturwissenschaft.

Gab sich der Dichte in diesen Studien mittelbar etwa auch Rechenschaft über vielleicht Misslungenes in seinem eigenen Schaffen? Oder gar über seine charakterliche Schwäche, den Anforderungen des Lebens möglichst auszuweichen? „Der jetzige Stand der Dramatik rechtfertigt meine Studien. Ich fand Freunde, Ermunterer, vor allem in Eduard Devrient. Ich mußte der Kritik in vielem recht geben; in anderem, was sie nicht berührte, fand ich selbst Zweifel. – Und sollte es mein Schicksal sein, daß ich an die Findung eines Weges meine letzte Kraft zusetzte und ihn nicht selbst begehen könnte, so wird er vielleicht anderen zugute kommen."

Inmitten seines Theoretisierens wurde ihm allmählich bewusst, er müsste für seine Person einen vielleicht auch ideologisch abgefärbten, auf jeden Fall aber absolut klaren künstlerischen Standpunkt beziehen, um inmitten der dramatischen Weltliteratur ein so eindeutiges wie überzeugendes Plädoyer liefern zu können. Grobrastrig taten sich ihm zwei Extreme auf.

Auf der einen Seite mochte er nicht auf die altgriechische Theaterkultur zugreifen, ungeachtet aller persönlichen Wertschätzung von Äschylos, Sophokles und Euripides. „Es ist ein törichter Versuch, das altgriechische Drama ganz wiederherzustellen oder auch nur teilweise es in unser modernes deutsches hineinbauen zu wollen." Weshalb er beispielsweise Schillers Braut von Messina mit deren "Aufeinanderpacken der Effekte aller möglichen Dichtarten aller Zeiten" konzessionslos ablehnen musste. Vor allem: damals zur Zeit der Antike wurde alles andere als eine gegenwartsübliche Theatervorstellung geboten. Die Menschen versammelten sich in Athen, Epidauros und anderswo in einem hochgestuften Amphitheater unter freiem Himmel wie zu einem Volksfest unter dem Schutze der Götter: „Das Spiel selbst eine Art religiöser Zeremonie." Sollte dies heute in einer zunehmend glaubensentleerten Zeit noch machbar sein? Einen Briefpartner korrigiert er: „Oder wollen Sie mir die griechische Tragödie vorhalten, in welcher das Lyrische und Epische noch unverbunden beisammen, wo Anfang und Ende Reliefs und nur die Mitte freistehende Gruppe sind, wo die arme Handlung gewaltsam gedehnt und immer, ehe wir noch heimisch darin werden konnten, von unendlichen, undramatischen Chorgesängen zerrissen wird? Die uns im ganzen Mythenreise herumführen, bis wir schwindeln?"

Auf der anderen Seite erlebte Otto Ludwig in Elbflorenz, wo er inzwischen sein Domizil aufgeschlagen hatte, immer noch, wenn auch schon im Abklingen begriffen, die repertoirebeherrschenden Schicksalstragödien der Werner, Müller und Houwald. Dazu Angebote noch darunter: „Hier das Theater ein täglicher Vergnügungsort, geöffnet nur für Geld, das Publikum stimmungslos, geteilt zwischen den empfangenen Eindrücken des heutigen und den des zu erwartenden morgigen Arbeitstages. – Viele, um die Welt und sich selbst zwei Stunden los zu sein; nicht wenige, um nur die Zeit zwischen Tee und Abendessen auf erträgliche Weise hinzubringen. Was alle diese und fast alle, die das Publikum unseres Schauspieles bilden, in diesem suchen, ist Unterhaltung." Und das traditionsreiche Dresdner Hoftheater zählte zu den führenden Bühnen des deutschen Kulturraumes!

༄༅༄༅༄༅

So steuerte denn Otto Ludwig wie zwischen Scylla und Charybdis hindurch auf William Shakespeare auch deshalb zu, weil dessen zeitgenössische Ausstrahlung in Wechselwirkung mit der steigenden nationalen Bedeutung und Größe Englands stand. Sicherlich hatte Ludwig weder Absicht noch Ehrgeiz, ein vergleichbarer deutscher Nationaldichter zu werden. Von politischen Ambitionen hatte er sich seit eh und je freigehalten und war zu den revolutionären Aufbrüchen der Jahre 1848 und 1849 auf Distanz gegangen. Doch Deutschland staatliche Einheit sehnte auch er herbei. Und in solcher Perspektive glaubte er wohl doch, zum Anbrechen eines schöpferischen Frühlings im wortdramatischen Bereich beitragen zu können. In gleichzeitiger Abwehrhaltung zur Weimarer Klassik wie auch zum immer noch rumorenden Jungen Deutschland.

Shakespeare packte den im Alter bereits vorangeschrittenen, zunehmend experimentierwütigen Ludwig auch unter einem anderen, einem entscheidenden Gesichtspunkt. Ungeachtet seiner bedeutenden novellistischen Erfolge griff der Thüringer mehr denn je nach dem Lorbeer auf dem Theater. Dieses gab den bildungsbürgerlichen Mittelpunkt der damaligen Gesellschaft ab. Die Zeitgenossen sahen im Drama den Gipfel dichterischer Gestaltungsmöglichkeit. Sich auf diesem Sektor einen Namen zu machen, musste auch das soziale Ansehen eines Autors außerordentlich heben.

Der große Brite erschien ihm als der Wundermann, der ihm zu solchem Aufstieg verhelfen konnte: „Es ist das Tagebuch und die Geschichte meiner eigenen dramatischen Erziehung. Ich wollte mir damit einen Weg bahnen." Doch wo ansetzen? „Jede Kunst schließt ein Handwerk in sich, einen Teil, der gelehrt und gelernt werden kann, und über welchen hinaus die eigentliche Kunst erst beginnt." Und gleich die Warnung auch an sich selbst: „Die glänzendsten Geister haben ihre Verachtung des Handwerkes durch die Unvollkommenheit ihrer Kunstwerke bezahlen müssen." Nach diesem Seitenhieb auf Schiller räumt er ein: „Unter allen Künstlern, die ich kenne, ist es am schwersten bei Shakespeare das Handwerk von der Kunst zu trennen, weil sein Schaffen ein vollkommen organisches ist."

Fortan bleibt der Brite jedenfalls sein Leitstern. Wenn er nun formuliert „Meine Beschäftigung mit ihm ging lediglich aus dem Triebe hervor, als ausübender Künstler von ihm zu lernen", so ging es ihm dabei ganz einfach um das Rezept, um nun seinerseits vollendete, erfolgreiche Dramen vom Stapel zu lassen. Und seine einschlägigen Studien ohne Ende flankieren lediglich dieses sein Hauptanliegen. Dass ihm im Kielwasser seines Vorbildes nicht eine einzige vollendete Realisierung gelang, darf zur persönlichen Tragik gerechnet werden. Die Schutthalde, die er dabei hinterließ, resultiert jedenfalls aus einem ganz anderen Anlass als die Schutthalde, die zuvor Ludwig Tieck ausgelöst hatte. Dem Romantiker ging es darum, ein Universalbuch über Shakespeare zu verfassen. Zu dem Einzelstudien wie etwa Alt–Englisches Theater (1811) oder Shakespeares Vorschule (1829) sockelbildende Bausteine bilden sollten. Und nicht zur Stimulanz eigenen Bühnenschaffens.

Anders als bei den alten Griechen mit ihren unberechenbaren Göttern erkannte Otto Ludwig in Shakespeares Dramenwelt eine ihr zugrunde liegende ethische Weltordnung. Fast identisch mit der im alltäglichen Leben. Weshalb ein Drama auch insoweit hautnahe Wirklichkeit reflektiert. Das führt zur Selbstverantwortung. Ja, weiter noch: zum Erwachen des eigenen Gewissens. Und dieses gewinnt dann auf Shakespeares Bühne logischerweise einen entscheidenden Stellenwert. Durchaus in Unkenntnis von Kants erst späterem Kategorischen Imperativ. Transzendental erkennt Ludwig deshalb zutreffend: „Jede Shakespearesche Tragödie hat sozusagen einen Jüngsten Tag, ein Bild des Großen Weltgerichtes am Ende in sich."

Das wiederum führt zur Hauptachse in Shakespeares Tragödienorganismen: der Aufeinanderfolge von Schuld und Strafe. Anlässlich seiner Gegenüberstellung Shakespeare – Schiller schreibt Ludwig: „Die Idee der Tragödie ist eben der notwendige Zusammenhang von Schuld und Strafe." Und der macht sich wohlproportioniert bei dem Briten als ein „immer idealer". Dabei „operiert er mit den einfachsten, allgemeinsten, primitivsten Motiven."

Bedingungssetzung und Leidensfolge müssen also in der gleichen Person vorliegen. Und nicht etwa wie in Lessings *Emilia Galotti*: „Der Prinz hat die Schuld, und die Galottis das Leiden. Darum wirkt das Ganz nicht tragisch." Der Einzelmensch darf nicht seine Schuld auf ein äußeres Schicksal abschieben, da er für dasselbe höchsteigen verantwortlich ist und sich die Ursache seines Verderbens nebst Folge selbst zuzuschreiben hat."

In seien grandiosesten Tragödien lässt Shakespeare diese Selbstverstrickung beispielhaft transparent werden. Allerdings zumeist eingegrenzt auf Hamlet, Macbeth, Lear, Othello, Julius Cäsar sowie Romeo und Julia.

Paradebeispiel: Macbeth „ist die Tragödie des Ehrgeizes, des Mordes, des Tyrannen, des Gewissens selber. – Er ist der Ehrgeizige selbst, an dem mit Hilfe des Agens der Gelegenheit das Experiment vorgenommen wird, das an jedem anderen Ehrgeizigen so auslaufen muß wie an diesem. – Er ist der Mörder aus Ehrgeiz überhaupt – und deshalb ist das die vollkommenste Tragödie, in der die Lebensgeschichte selbst das Schicksal ist, wo sie ebenso notwendig aus dem Tun des Helden und den notwendigen Folgen desselben auf sein Inneres hervorgeht wenn die Schuld in ebenso innigem Konnexus das erste Glied zu der Kette seines Verderbens bildet." Kein Zweifel: Macbeth „ist selber schuld, er hat sich die Schlinge gelegt. Daraus entsteht die echt tragische Stimmung." Und obendrein: „Der Held bricht mit seinem Gewissen und wird von seinem Gewissen gestraft."

Anders stellt sich die Schuldfrage im Hamlet. Bei ihm ruft Ludwig aus: Wie imponiert er doch „durch das Übergewicht der Reflexion, das seine Schwäche und die Ursache seiner Schuld ist! Wie zeigt er die Trägheit der Tatkraft mit der größten Energie der Intellektualität!" Oder in andere Worte gekleidet: „Wer nicht zur rechten Zeit tut, was seine Aufgabe ist, der wird gezwungen, sie zu tun, und geht an den Folgen seines Zögerns unter." Strafrechtlich werden bekanntlich Handlung einerseits und Unterlassung bei Handlungspflicht andererseits zu Recht im gleichen Maße geahndet.

„Lear enthält nichts als Schuld und Strafe des wunderlichen Greises. Er verstößt die gute Tochter und gibt sich in die Gewalt der bösen Töchter. Die Bosheit dieser und die Güte jener strafen ihn dafür." Weit mehr noch als unter den Gemeinheiten der bösen Töchter leidet König Lear gegenüber Cordelia unter dem „Gefühl, dass er unrecht an ihr gehandelt und diese Güte nicht verdient." Lears Schuld verursacht jedoch darüber hinaus „alle Verschuldungen der übrigen Personen", die dann umgekehrt „wiederum auf sein Leiden wirken." Doch gerade deshalb, weil hier „das tragische Gefühl so intensiv und ununterbrochen" aufdringt, wird der zunehmend mitfühlende Zuschauer in eine „wahrhaft tragische Stimmung" versetzt. Hinzu treten die szenische Opulenz, nicht nur ein tolles Gewitter auf der Heide, eine geniale Gruppierung der handelnden Personen, ihre wechselseitige Verstrickung in die Delikte, bei denen nur der Narr ausgeblendet bleibt, Leidenschafts- und Wahnsinnsausbrüche; Ergreifendes und Abstoßendes partizipieren im gleichen Maße. Und immer handhabt der Dichter souverän seine diversen Handlungsstränge. Wahrhaftig: „Die Tragödie der Tragödien!"

Eine mit Gewissen und späterer Gewissenslast ausgestattete Gestalt offenbart sich, von guten wie schlechten Eigenschaften durchsetzt, als Charakter. Er ist die besondere Anlageform, in der sich ein Mensch ausprägt. „Man findet in Shakespeares Helden die heterogensten Charakterbestandteile, und in der Tat beruht darauf zumeist ihre Wirkung."

„Stärke und Schwäche kann dieselbe Quelle haben. – Die Stärke bezahlt sich mit Schwäche, jeder Vorzug mit einem Mangel. Der Mensch kann nicht die verschiedenen Seiten seines Wesens in gleicher Stärke besitzen; vollkommene Wesen schafft die Natur nicht." Doch wie dem auch sei, „des Helden Charakter muß aus der Schuld gebildet werden, sodaß deren Bedingungen zu den Hauptzügen dieses Charakters werden müssen." Doch ebenso umgekehrt muss „diese Schuld durch den Charakter des Helden motiviert werden." Und der Autor ergänzt: „Die Situation muß hier an zweiter Stelle stehen, bloß Gelegenheitsursache sein." Denn bei jeder Shakespeare-Lektüre falle ja auf, „wieviel mehr es diesem um die Personen, ihre Entwicklung und Ausmalung zu tun ist als um die Situation." So grenze denn gegen ein solches Situationsdrama mit seinem Intrigenreichtum Shakespeare deutlich sein tragödiales Charakterdrama ab. Das Schicksal liege bereits im Charakter mit seinem Widerspruch, wirke nicht auf ihn von außen her ein, offenbare denselben allenfalls.

„Es ist nicht genug, daß man namentlich des dramatischen Helden Gesicht kennen lernt, man muß auch seine Gesichte kennen lernen." Dies um so mehr, als sein Charakter selbst ja keinerlei Änderungen erfährt. "Shakespeare hat sich keine Mühe gegeben eine Steigerung hineinzubringen, noch weniger ein Werden der Charaktere gezeigt. – Der sogenannte Reichtum des Charakters ist garnicht zu ermöglichen, wenn es nicht derselbe Mensch ist, den wir in den verschiedenen Verhältnissen sehen."

Eines der wichtigsten Durchgestaltungsaxiome Shakespeares: der Charakter bestimmt die Handlung, und nicht umgekehrt die Aktion den Charakter. „Die Handlung darf nichts sein als Anordnung, Bewegung und Ausdruck der Charaktere; die erst machen die Handlung wichtig und nehmen nicht ihr Interesse von der Handlung. Die Gestalten sind die wirkliche Existenz; die Handlung nur ein Akzidens derselben." Oder anders gesagt: „Die ganze Handlung mit Situation ist sozusagen in charakteristische Ausleben der Personen zu verwandeln. – Der Gehalt des Stückes beruht auf dem Gehalte der Hauptcharaktere." Ihm müsse dann auch deren Ausdrucksweise entsprechen .und ausschließlich der Gehalt eines Charakters, namentlich des Hauptdarstellers, sei die Quelle des Tragischen.

Solche Tragik werde vor allem entbunden, wenn „eine Natur in eine Situation gestellt wird, der sie nicht gewachsen ist; da diese vorgegebene Natur eben das nicht kann, was die Situation von ihr erfordert." Insoweit könne als „tragische Anlage" bezeichnet werden „die Unangemessenheit der Natur des Helden zu der Aufgabe, welche die Situation ihm stellt, und aus welcher das Leiden hervorgeht, die Schuld und schließlich der Untergang." Noch einmal: der Charakter bestimmt das Geschehen. „Am Anfang forciert er das Schicksal heraus, tut den ersten Stoß, und von da an muß er sich wehren bis zum Untergang gegen die natürlichen, notwendigen Folgen seiner Tat." Die Gestalt des Coriolan ausgenommen, hat „bei Shakespeare kein Charakter eine Umkehrmöglichkeit; sie gehe wie ein reißender Strom geradeaus bis in ihr Übermaß, in dem sie sich zerstören; sie sind gewissermaßen moralische Warnungsbilder." Warnschilder, würde man heutzutage sagen.

Beeindrucken kann ein solcher Charakter in seiner bühnenrollenmäßigen Verwirklichung auf die unterschiedlichste Weise: er kann sich bedeckt halten, indem er ein ganz anderes Charakterbild vortäuscht, kann einen Tugendbold vorgaukeln, kann aber auch durch Liebenswürdigkeit und mit amüsanten Vorzügen im gesellschaftlichen Umgang brillieren. Man sollte ihn aber auch durchaus „in der Vertraulichkeit des täglichen Lebens sehen, im Benehmen mit Untergebenen", er sollte bisweilen „den gewöhnlichen Ton des täglichen Verkehrs anschlagen, in Scherz und Neckereien einstimmen." Und im Blick auf Lear sei es keineswegs „notwendig, Menschen von starkem Charakter zu wählen, aber vorteilhaft, solche mit starker Empfindung. Denn unser Mitleid proportioniert sich nach dem Ausdruck des fremden Leidens, nicht nach dessen Größe." Nebenbei merkt Ludwig an, dass „die längere oder kürzere Satzbildung ein wesentliches Moment in seinen Charakteren ist." Jedenfalls beherrsche Shakespeare das Riesenspektrum menschlicher Charaktereigenschaften derart souverän, dass seine Charaktere sich zu Persönlichkeiten qualifizierten. Und gerade das unterscheide ihn von Molière, der in seinen Meisterkomödien ja nun wahrhaftig scharf umrissene Charaktere auf die Bühne gebracht habe.

Mit Molière verbinde ihn dann freilich wieder, dass in seinen /ihren Spitzenleistungen der Charakter/die Persönlichkeit zum Typus aufsteige. Der dann einem Drameninhalt erst recht seinen unverwechselbaren Stempel aufdrücke und jedem Theaterbesucher noch eingängiger werde, als es beim Auftritt von individualistischen Figuren ohnehin schon der Fall. „Das Typische ist die Zusammenfassung vieler Züge", von Zufälligkeiten befreit.

Otto Ludwig führt dazu wortwörtlich aus: „Jedes Stück muß einen einzelnen Fall typisch behandeln, der die ganze Gattung Fälle im wesentlichen in sich abspiegelt. Wie der ganze Inhalt, so muß jeder Charakter wiederum ein solcher Typus sein; die ganze Poesie dieser Art wird dadurch zu einem Spiegel des Wettlaufes. Jedes Stück muß diesen vollständig und so individuell ausmalen als möglich, ohne das typische zu verwischen. – Jeder besondere Stoff wird so seine besondere Form gewinnen, seine organische von innen heraus."

Gewinnt eine Gestalt, die sich zum Typus herauskristallisiert hat, durch Monologisieren? Ludwig verteidigt – nahezu unkritisch – diesen Kunstgriff Shakespeares: „Nun sieht man in Monologen die innere Handlung als Gefühl der Situation und Trieb des Charakters die Entschlüsse gebären, die dann in Spielszenen vollzogen in äußerer Handlung zu Tatsachen werden, die wieder neue Entschlüsse hervorbringen." Die Frage ist nur, ob Monologe unumgänglich sind. Ludwig bleibt bei seiner Auffassung: „Die jetzt geltende Regel, so wenig als möglich Monologe, da kann es keinen größeren Mißverstand geben als diesen. Denn in Wahrheit lähmt ein Monolog so wenig, daß eben die Monologe das eigentlich Dramatische sind." Führt ein normaler Mensch Selbstgespräche mit sich? Zumal solche, die einen Handlungsverlauf richtunggebend verändern? Wenn „in den Monologen hauptsächlich Ausmalung des Gegenstandes, des Affektes erfolgt", weshalb sollte dann eine solche Ausmalung sich nicht naturgemäßer und zudem dramatischer im Dialog ermöglichen lassen? Die Hamlet-Monologe sind weltberühmt. Sie „sind der Kern, die übrigen Szenen nur so darum gebaut. – Melancholie ist sein habitueller Gefühlszustand. – Der Hauptschauplatz ist in der Seele des Helden. Daher die dramatischen Monologe. Alle Finessen der psychologischen Ausmalung bloß im Helden; die übrigen Figuren dagegen alle mehr nur wie skizziert. – Die Entwicklung eines interessanten Charakters ist nur in Monologen möglich." Warum – darf man nochmals nachfragen – nicht auch oder erst recht in Dialogen? Vorausgesetzt, nicht auch oder erst recht in Dialogen? Vorausgesetzt, dass der Dialogpartner den Helden unentrinnbar zur Selbstoffenbarung treibt und nicht in seine eigene Passivität zurücksinkt wie Freund Horatio.

Wurde oben hervorgehoben, eines Charakters Entwicklung könne sich nur in der Handlung verwirklichen, so ergänzt Ludwig an anderer Stelle: „Der Charakter ist der Boden für die Leidenschaft." Die dann ihrerseits imstande sein müsste – etwas übertrieben – mit ihrem Feuer das Holz des Charakters zu verbrennen. Also die Quelle der Leidenschaft, „die der Charakter schildern will." Erst die Leidenschaft enthüllt den Sinn einer Handlung, sie ist der Treibstoff des Agens. Denn sie will ja „ihr Ziel erreichen, Sie schwankt nicht. Sie spannt alle Kräfte an, sogar die denkenden, die ihr entgegenwirken sollten." Oder auch so formuliert: „Der Charakter macht allemal die Möglichkeit der Leidenschaft; dann aber offenbart die Leidenschaft den Charakter." Bloße Neigung reiche nicht aus, um das Wesentliche einer Leidenschaft zu reflektieren. Infolge Fehleinschätzung der Intensität seiner Leidenschaft und deren Durchschlagskraft bereite sich der Held über die Schuld–Sühne–Achse seinen eigenen Untergang. Was dann oft genug tragisches Mitgefühl im Zuschauerraum auslöse. Anlässlich seiner Kritik an Hebbels Drama *Julia* brachte Otto Ludwig zu Papier: „Die Leidenschaft ist theatralisch durch ihre Energie, dramatisch infolge ihrer Entwicklung, tragisch, weil sie des Menschen eigenes Schicksal bereitet." Und oft genug muss die Leidenschaft die gewissensbedingten Hemmungen überwinden, „die Vernunft überwachsen." So greift eines ins andere. „Die Dutzendmenschen begreifen wir sogleich. Jeder wahre Charakter dagegen macht uns Schwierigkeiten. Was ihn uns wieder näher bringt, ist die Leidenschaft." Habe der Bühnendichter seine Zuschauer „schließlich zu Mittätern oder Mitleidern" seiner Rollenträger gemacht, „so hat er die Aufgabe gelöst." Ludwig gibt jedoch zu, dass der Zuschauer nicht in jedem Falle die auf der Bühne vorgeführte Leidenschaftsparade seelisch–psychologisch total nachvollziehen könne, weder angesichts von Othellos Eifersuchtsleidenschaft noch bei Jagos Intrigierleidenschaft mit der diabolischen Lust an der Schadenfreude.

Shakespeares Trauerspiele sind also fast durchweg Leidenschaftstragödien. Wobei der Brite oft genug bis in die letzten Tiefen auf dem Grunde der menschlichen Seele vordrang. Diese verborgenen, psychologisch oft nicht mehr entschlüsselbaren Geheimnisse haben Otto Ludwig wohl am meisten an dem Dichter fasziniert. Ohne daraufhin – eben seine persönliche Tragik – die nötige

Energie aufzubringen, aus solch geheimnisvollen Keimen die Leidenschaften aufsprießen zu lassen, die ja keine Ideen, sondern handfeste Realitäten seien. Oder zu solchen werden. Einvernehmlich mit seinem Idol erklärt er: „Wir müssen den Menschen sehen, *bevor* ihn die Leidenschaft entstellt." Wie sollte sich auch sonst ein überzeugender Entwicklungstrend bei ihm herausbilden können?

Gegen die Leidenschaft abzugrenzen sei der Affekt. Der „ist eine stete ‚Unmacht' des Menschen über sich selbst; die Leidenschaft hingegen ist eine stete Konzentrierung des Kraft des Menschen über sich selbst und dadurch über Andere." Zwar müsse der Affekt den Aktionskräften im engeren Sinne zugerechnet werden, doch er folgt der Leidenschaft, das Getriebene dem Affekt." Griffiger: „Der Affekt ist nur dann brauchbar, wenn er als Diener des Charakters, als erhitzter, natürlicher Zustand des Charakters, der Leidenschaft, oder wenn er im Dienste des Gewissens gegen sie auftritt."

Ein Dramengebilde sah Shakespeare immer nur als einen lebenden Organismus. In dem sich Ab– und Anspannung, Aus– und Einatmen vollzogen, eine Art Kreislauftätigkeit mit Systole und Diastole. Zwischen den leidenschaftlichsten Ausbrüchen sind spannungslösende Partien vonnöten: „Bei Shakespeare haben die Charaktere ihre Ruhepunkte. – Bei ihm findet man Mischung von höchster Leidenschaftlichkeit des Dargestellten und höchster Ruhe der Darstellung selbst. – Nicht allein der Affekt, auch die Ruhe, das Zurücktreten der Leidenschaft hinter anderen Dingen muß dargestellt werden, wenn das Bild des Charakters vollständig und naturgetreu sein soll. – Bei ihm ist keine Figur total in eine Leidenschaft verwandelt, sondern hat wenigstens Augenblicke, wo sich das Gleichgewicht des Menschlichen in ihr wiederherstellt oder sich dem Gleichgewichte wenigstens nähert, oder wo die Leidenschaft zu vergessen scheint. – Aus dieser momentanen Freiheit in der Knechtschaft entstehen die humoristischen Blitze, das Lächeln im Weinen, der Selbsthohn, das Selbstbelächeln, das Mitleid mit sich selber; zugleich auch die plastische Ruhe, die so sehr imponiert."

Manchmal die trügerische Ruhe vor dem spannenden Auftritt wie bei Lady Macbeth im Schlussakt: „Das Vorbereitende in der Stimmung einer Person unmittelbar als böse Ahnung, als unbegreifliche Unruhe ohne bewußten Grund." Manchmal aber „bereitet Shakespeare seine Effekte so vor, daß die Vorbereitung die Mittel dazu, die Gedanken abziehen, sodaß der Eintritt des Effektes vorbereitet und doch plötzlich, überraschend und desto imposanter erfolgt. So beispielsweise wie der Geist dem Hamlet erscheint, in dessen Rede von der Trunksucht der Dänen hinein."

Dass Ruhepunkte ihren szenischen Kontrast finden müssen, ist selbstverständlich. Die Entfesselung der Leidenschaften erfolgt schon rechtzeitig genug. Doch die Szene kennt noch andere Kontrastbildungen. Die sich nicht nur aus einer entsprechenden Personenzuordnung herleiten wie etwa bei Othello/Jago oder den Leartöchtern. Sondern vor allem die situationsbedingten, die dann die jeweilige betroffene Person heimsuchen. „Allen schauspielerischen wie tragischen Effekten liegt der Kontrast zugrunde. Wo kein Kontrast, ist auch keine künstlerische Einheit. Daher sind bei Shakespeare die Charaktere die anziehendsten, in welchen die meisten Kontraste." Bewundernswert, „wie er den Kontrast ins Innerste des Charakters gelegt hat und wiederum äußerlich gern kontrastierende Motive in der Diktion zusammenbringt, beispielsweise Lächeln unter Tränen, Witz des Ärgers, der Verzweiflung oder des Wahnsinns Humor; Übergänge aus Freude in Schmerz und umgekehrt gehen ebenfalls durch diesen Kontrast hindurch. – Die schädliche Wirkung der Reflexion auf den dichterischen Geist besteht hauptsächlich darin, daß sie die Kontraste aufhebt oder zumindest schwächt."

„Es ist Tragik in komischer Ausdrucksweise." Und damit gelangt man zur Funktion der Komik überhaupt inmitten einer Tragödie. „Sowie tragische Notwendigkeit vorhanden ist, stört selbst das Komische nicht. Ja, es kann die Wirkung der Situationen noch durch den Kontrast erhöhen." Allerdings ist in solcher Situation von Darstellerseite her wohl zu beachten: „Die Charaktere selbst und ihr Reden und Tun ist komisch; ihnen aber ist es damit großer Ernst." Kurzum: „Durch die Hinzutat des Komischen zum Tragischen vollendet sich erst die Weltganzheit, die Ganzheit des Lebens." Das gilt freilich auch umgekehrt: "Das Tragische, das Molière einmengt, gibt seinen Komödien erst die Tiefe." Auch ein Molière von seiner Plattform aus "„ermittelt dadurch das Wirkliche und Gewöhnliche mit dem Poetischen."

In seinem eigenen Schaffen hatte Otto Ludwig einen „Poetischen Realismus" entwickelt. Ihn glaubte er, in Shakespeares Tragödien wiedererkannt zu haben. Auch bei dem Briten „muß sich die wahre Poesie ganz von der äußeren Gegenwart loslösen, sozusagen von der wirklichen Wirklichkeit. Sie darf nur das festhalten, was dem Menschen zu allen Zeiten eignet, seine wesentliche Natur, und muß dies in individuelle Gestalten kleiden, d.h. sie muß realistische

Ideale schaffen." Von seinen die Meisternovellen betreffenden Schaffensprozessen her war sich Otto Ludwig bewusst, dass der stoffliche Vorwurf in sich hinreichende poetische Substanz bergen müsste, um gestaltungsmäßig zur erforderlichen poetischen Wahrheit vorzudringen. Und damit zur von der dichterischen Phantasie reproduzierten Realität. Auch Shakespeares Phantasie habe in seinen Tragödien erschaffen „die Welt noch einmal, keine sogenannte phantastische, zusammenhanglose Welt, sondern im Gegenteil eine, in der der Zusammenhang sichtbarer ist als in der wirklichen, die alle ihren Bedingungen, alle ihre Folgen in sich selbst hat. – Raum und Zeit sind nichts als Rahmen, Stetigkeit des Vorgangs und Mittel dazu." Nebensächlich dabei, dass ein solcher Nachschöpfungsprozess auf der Bühne von kostümierten Darstellern transparent gemacht wird. Notwendig jedoch, dass der oben nuanciert gesprochene Text unten im Zuschauerrund die poetische Phantasie der Menschen, ihr psychologisches Einfühlungsvermögen mobilisiert. „Shakespeare mutet uns einen Glauben zu, als den unsere Sinne und unser Verstand sich selbst bestätigen oder finden."

Voraussetzung für solches Gelingen ist auch in diesem Zusammenhang des Dichters glückliche Stoffwahl. „Man ist geneigt, Stoffe mit stark vorwärts treibenden Leidenschaften und viel äußerer Bewegung als die für die Tragödie günstigsten anzusehen. Diese Meinung ist eine falsche. Für die Bearbeitung ist der Stoff der glücklichste, der am meisten Stetigkeit hat, der immer dieselbe kleine Anzahl von Personen im engsten Raum zusammenhält und mit ruhiger Bewegung seinem Abschlusse entgegengeht."

Erst danach „entwirft Shakespeare die Fabel in wenigen großen Zügen, die, kausal miteinander verknüpft, feststehen. Dann teilt er die Fabel solchergestalt in Szenen, daß die Motive vollständig klar, der äußere Vorgang vollständig anschaulich sich darin darstellen könne(n). Die Spannung liegt im Ganzen, das die Idee verkörpert. *Eine* Hauptsituation, *ein* Motiv, *ein* Ziel *eines* Hauptdarstellers, also *eine* Richtung desselben." Er "exponiert nicht erzählend. Unmerklich wird man mit den Vorbedingungen bekannt. Er legt seinen Stoff so, daß er völlig dramatisch daliegt." So wird eine gemeisterte und durchgehend bewährte Dramentechnik in den Dienst des bühnenspezifischen Poetischen Realismus gestellt.

Nachdrücklich habe Shakespeare vorgeführt, dass die Keimzelle einer Tragödie eben dramatischer Natur sein müsse und sich nicht aus dem Epischen ableiten dürfe. Daraus folgert Ludwig: Das Dramatische wie bei Shakespeare sei das Wechseln im Bestehen, das epische wie bei Goethes Götz das Bestehen im Wechsel. Noch prägnanter: „Der epische Charakter geht durch die Handlung hindurch; der dramatische geht durch die Handlung hervor."

Dass in seinen fünfaktigen Tragödien der formale Aufbau beispielhaft gemeistert ist, versteht sic hei einem Bühnenfachmann von Shakespeares Graden von selbst. Doch auch er wird von der Entfaltung, Nah- und Fernwirkung der dramatischen Textimpulse bestimmt. „Das Geheimnis des Bühnenstückes ist, daß alles so notwendig als möglich, ja, schon feststehend und unabänderlich und doch zugleich wie eben erst werdend, wachsend erscheint. Also möglichst viel Exposition, aber immer in Form lebendiger, lebhafter, affektvoller Handlung. Immer schon Festes, das uns aber eben vor den Augen erst zu werden scheint."

Vor allem vermeidet der Meister unmotivierte Überraschungen. „Der Autor darf nichts geschehen lassen, als was er uns erwarten ließ; er darf aber auch nichts erwarten lassen, was er nicht geschehen lassen will." Dies jedoch innerhalb eines Tragödiengerüstes konzeptionell umzusetzen, gerade daran scheiterte Ludwig. Und fast wehmütig neidet er seinem Idol: „Tragische Notwendigkeit ist die Trägerin der tragischen Stimmung. Sie besteht darin, daß der tragische Ausgang schon im Anfang des Stückes sich ahnen läßt. Und während des ganzen Stückes diese Ahnung ständig wächst, bis sie mit der Katastrophe zur Gewißheit wird. Das Schrecklichste überrascht uns dann nicht mehr." Spezifisch in diesem Sinne „muß ein Drama vollkommen geschlossen und vollkommen durchsichtig sein." Erst dann kann die in der Handlung liegende Spannung ihre volle Wirkungsmacht entfalten, und zwar in beiden Richtungen: „Keine andere Spannung darf vorhanden sein als tragische Furcht und Mitleid. Dahin müssen alle Andeutungen zielen: von der Schuld nach dem Ende, vom Ausgang nach der Schuld zurück." Spannung sei „immer das Gefühl der Einheit, welches in leidenschaftlicher Erregung vorwärts wie rückwärts wie ein elektrischer Strom durch die Mannigfaltigkeit des Stückes strömt." Erst eine vorzüglich konstruierte Tragödie, in der nicht wie im Roman über Menschen, sondern aus dem Mund der Menschen höchsteigen berichtet wird, schafft den notwendigen Raum für die Akteure. Auch für die Nebenhandlungen. Und für die Nebenakteure, welche die Haupthandlung ebenfalls motivieren und sich um „die Hauptcharaktere gruppieren sollen." Um deren Tun und Leiden notfalls zu provozieren. Mehr noch, und über einen üblichen Dialog hinaus: Shakespeare schafft auch

Raum für Dreiergespräche, in denen jede Person „aus einer besonderen Absicht heraus spricht. Oder drei verschiedene Reihen von Gefühlen, Bestrebungen und Absichten in denselben Gesprächen einander modifizierend oder nur kontrastierend nebeneinander hergehen .In solchen Szenen, in solchen polyphonen Dialogen, in denen sich verschiedne Stimmen in verschiedenen Rhythmen begegnen und durchkreuzen, ist das eigentliche dramatische Leben am stärksten." Und so manche Szene füllt sich dadurch spannungsgesättigt auf. „Jede einzelne hat ihre eigene kleine Katastrophe, zu der der übrige Dialog Vorbereitung ist." Ludwig dachte wohl vor allem an den Lear, wenn er ausruft: „Und wie zeichnet sich im engen Raume bei dem Reichtum von Gestalten jede so bestimmt von der anderen ab, und wie tragen alle doch den Stempel derselben wilden Größe einer titanischen Zeit! Wie so garnichts Kleines, Schwaches an all diesen Menschen! Welche Harmonie bei der ungeheuerlichsten Mannigfaltigkeit! – Das Ganze reißt uns hin. Nachher fällt uns ein: Kann sich denn in so kurzer Zeit so viel Großes natürlich entwickeln?"

„Unendlich viel hat Shakespeare seiner eigenen schauspielerischen Technik zu danken. – Er ging im Geiste den Schritt, den er für die Figur gewählt, er fühlte die ganze Schauspielermaske im Gesicht. – In dieser Fertigkeit ist neben seinem übrigen Genie seine Größe als Dramatiker vollständig begründet. – Shakespeare hat seine Stücke aus dem Herzen der Schauspielerkunst heraus geschrieben. Der Dichter gefällt darin in demselben Grade, als der dem Schauspieler Gelegenheit bietet, seinerseits zu gefallen. Denn was sie eben zu dankbaren Rollen macht, das macht sie auch zu vortrefflichen poetischen Charakteren. – Der Anschluß des Poeten an den Schauspieler ist dem Poeten nur nützlich. Durch ihn wird der Poet zu realistischen Motiven gedrängt und muß alles Phantastische fahren lassen. – Der Schauspieler allein ist eine Realität; Dekorationen usw. sind bloße Andeutungen. – Doppelrollen sind alle bedeutenden Gestalten Shakespeares; Charaktere, die sich entweder wirklich umwandeln oder sich nur verstellen. Dort liegt das theatralisch Interessante in den Übergängen, hier im Wechsel der verstellten mit der wirklichen Gestalt." In anderen Formulierungen gelangt Grillparzer zum gleichen Resultat.

„Es ist gewiß, Geist kann der Schauspieler den Reden des Dichters nicht geben; den Gehalt und Inhalt muß der Dichter geben. Aber Gemüt, Affekt, Leidenschaft, die Musik des Ausdrucks kann er dazu tun. Wie er es tun soll, dazu leitet ihn der Dichter an." Solche echte Wechselwirkung bleibt entscheidend.

„Darum wirkt so Vieles von Goethe auf der Bühne garnicht. Die seelenvollen Goetheschen Verse haben schon die Melodie, die sie haben können; was der Schauspieler hinzutun kann, ist dasselbe, was der Dichter schon hinzutat; er ist überflüssig." Und umgekehrt: „Die meisten Stellen der Shakespearschen Stücke können beim bloßen Lesen den Eindruck von Kälte machen."

Shakespeare, so routinierter wie passionierter Schauspieler am Londoner Globe–Theater, zielt zumeist erfolgreich auf den Schwerpunkt im Dreieck Dichter – Schauspieler – Zuschauer ab. Dazu Otto Ludwig: „Aus ihrem gegenseitigen Verhältnisse die Technik des Dramas zu entwickeln, ist die Aufgabe dieser Untersuchungen. Das Drama darf sich nicht abscheiden vom Leben. – Es muß herniedersteigen zu den gemeinen Bedürfnissen der Menge. – Es soll das Unterhaltungsbedürfnis nicht nur eines Alters, eines Geschlechtes, einer einzigen Bildungsstufe berücksichtigen. – Kunst ist am Ende nichts Anderes als die beste Unterhaltung. – Im Ganzen sind alle Figuren Shakespeares mit und ohne Absicht gute Gesellschafter, selbst Hamlet ein ausgezeichneter. Vorzüglich seine Humoristen. – Jeder Rede weiß er durch das Unterhaltende des Vortrages, durch Lebendigkeit und Charakteristik noch ein Interesse zu geben. – Die Zuschauer haben das Recht, vom Dichter Unterhaltung zu fordern, denn sie haben es bezahlt." Bedeutsamer noch, dass erst in Zuschauers Seele während des Verlaufes einer Theateraufführung ein Drama vollständig ersteht, namentlich in seiner tragischen Ausstrahlung. Am Schluss der Aufführung kreiert sich der Zuschauer sogar zum Richter. Zu diesem Zeitpunkt befördert Ludwig nicht zu Unrecht „das Publikum zu Shakespeares berufener Jury. De Fall wird von den Geschworenen vernommen, die ganze Handlung ereignet sich vor ihren Augen; kein Beweggrund bleibt ihnen verborgen. Denn der Beweggrund ist es, der dem Handeln das Urteil spricht. Nichts beschönigt, nichts halb gezeigt, um das Urteil der Geschworenen zu beirren. Wir sehen, wie der Schuldige war, ehe er schuldig wurde. Wir sehen den Menschen schuldig werden. Wir sehen ihn mit ihrem Folgen kämpfend, die Schuld vermehren und endlich an ihr untergehen."

Das im Gegensatz zur Zweiheit Roman/Leser auf der Dreiheit Dichter/Schauspieler/Zuschauer sich aufbauende Drama, selbst das eines Shakespeare, muss sich, um den Unterhaltungsanspruch des Publikums nicht zu gefährden, notfalls sogar „gefallen lassen, noch einmal für die Bühne eingerichtet zu werden."

Otto Ludwigs anhaltende Bewunderung der dramatischen Kunst des großen Briten, sein entsprechendes Credo, seine Lobeshymnen auf dessen Tragödien erklären sich zu einem erheblichen Teil aus der Existenz Schillers. Für Ludwig war der Kontrast Shakespeare – Schiller fundamental. Sein Pro Shakespeare und Kontra Schiller durchzieht seine *Dramatischen Studien* intensiver und auch vehementer, als ihm wohl selber lieb war. Der deutsche Nationaldichter, als der Schiller besonders zu Ludwigs Lebzeiten unangefochten und uneingeschränkt verehrt wurde, versperrt diesem mitunter wie ein erratischer Block den Weg zum Areal, auf dem er seine Elogen auf den Anderen anzustimmen gedachte.

Ungeachtet Wielands oder Eschenburgs Shakespeare–Prosaübersetzungen im 18. Jahrhundert war dessen Heimholung ins Deutsche erst zu Beginn des 19. Jahrhunderts durch Wilhelm Schlegel kongenial begonnen und in Ludwigs Wohnort Dresden erst wenige Jahre vor dessen Zuzug durch Dorothea Tieck und Wolf Graf Baudissin abgeschlossen worden. In die Zeit von Schlegels Übersetzungstätigkeitsbeginn fallen die Niederschriften von Schillers Weimarer Blankversdramen. Also etwa gleichzeitig wurden die beiden Dramatiker in deutschen Landen wirkungsmächtig. In Ludwigs *Dramatischen Studien* verspürt man an ungezählten Stellen, wie der Autor Schiller verdrängen will und sich dennoch ihm nicht entziehen kann! Man dürfte es sich wohl zu einfach machen, sofern man deklariert: wenn Macbeth spricht, spricht Macbeth; wenn Wallenstein spricht, spricht Schiller. Gleichwohl ist und bleibt das eben die Schiene, auf der Ludwig in den Bereich seiner einschlägigen Beobachtungen und Wertungen fährt. Und er tut das in aller Regel durchaus gewissenhaft und seriös, sodass eine ironisch–zynische Passage wie die folgende eine Ausnahme darstellt: „Wenn Sophokles' Produktion einer schlanken Palme, Shakespeares einer knorrigen Eiche gleicht, so ist Schillers Produktion ein Christbaum. Da hängen die Sentenzen lose, um leicht heruntergenommen zu werden. Die Früchte wachsen am Faden der Willkür; man kann sie da herunternehmen und dort an einen anderen Zweig hängen, ohne weder dem Baum noch den Früchten zu schaden."

Also Shakespeare kontra Schiller! An der unterschiedlichen Dialogfunktion versucht Ludwig zu verdeutlichen, was beide voneinander trennt: „Was Shakespeare durch Darstellung des Weltverkehrs hervorbringt, das erstrebte Schiller durch Ideenfülle, Sentenzen und künstlerische Wirkung. Shakespeare gab auf realistischem Wege durch Abmalung der einzelnen Vorgänge der Seele des Zuschauers die zum Genusse eines Dichterwerkes nötige Freiheit. Schiller tat dasselbe auf dem entgegengesetzten Wege, auf dem des Verallgemeinerns. Shakespeares Weg blieb innerhalb der Grenzen der Anschauung; Schiller ging über diese in die der Betrachtung hinaus. Shakespeare tat, was er als Poet tun mußte, Schiller tat es als Philosoph. Shakespeare besiegte den Stoff durch dessen poetische Bewältigung, Schiller, indem er sich philosophisch über denselben erhob, also immer doch durch eine Flucht vor dem Leben und dem Stoffe selbst. – Schiller veräußerlicht, Shakespeare verinnerlicht die Handlung. Bei Schiller treten überall zufällige Äußerlichkeiten in den Nexus ein, Shakespeare behält nur das bei, was typisch ist, was einer ganzen Gattung von Fällen zukommt. – Bei Shakespeare hat es der Mensch bloß mit sich zu tun. Bei Schiller sehen wir seine eigenen Intentionen. – Schiller und Shakespeare stehen sich gegenüber wie Affekt und Leidenschaft." Und die ins dramatisch Spannende sich hineinsteigernde Dialogführung offenbart den Gegensatz erst recht: fast absichtlich sei bei Schiller „die Form mehr rhetorisch im eigentlichen Sinne als mimisch–rhetorisch. Er mag nicht, daß eine seiner Reflexionen verloren gehen solle, sie stehen in seiner Rede wie Juwelen zum Herausnehmen. Während bei Shakespeare das Tiefsinnigste nur wie ein verlorener Naturlaut als Welle in der Flut des Affektes vorübergeht." Und nun ganz hart: „Schillers Personen reden wie Bücher; die Personen Shakespeares dagegen reden wie Menschen. – Man sehe, wie Shakespeares einfache Soldaten reden und die Schillers! Die reden eher wie Shakespeares Staatsmänner, sie sind durch die Bank Redner." Fehlerhaft! „Die Stände müssen ihre eigene Sprache sprechen ohne weichliche Rücksicht auf Bildung." Ludwig degradiert Schiller vom Dramatiker zum Rhetoriker. Und als solcher „sagt er uns, was er mit seinen Figuren meint, für was wir sie halten sollen; Poet Shakespeare dagegen stellt seine Figuren hin und sagt zu uns: Nun sehet selber zu, beobachtet sie, dann fällt selbst über sie in Urteil! Sie sind nicht Träger meiner Interessen, sie sind nicht mein verkleidetes Ich, also bin ich bei eurem Urteile nicht kompromittiert." Auf kürzeste Formel gebracht: „Dem Rhetor ist die Kunst Mittel, dem Dichter Zweck."

Mit aller Härte gegen sich selbst entziehe man sich dem Zauberhauch hin so vielen Passagen der Weimarer Idealisten! „Eine große Verführung vom Charakteristischen weg ist der Glanz und Gehalt der Sprache; das Streben danach führt ins Weite und Breite und zerstört alle Darstellung. – Darum ist Schiller der Liebling der Jugend und der Frauen, die ihrer Natur nach zu dem

Glänzenden sich hingezogen fühlen. – Das Volk hat ebenfalls einen Zug nach dem Glänzenden."

Daraus folgert Otto Ludwig, infolge ihrer gegensätzlichen Naturen werde Realist Shakespeare zum Charakterdrama, Idealist Schiller zum Situationsdrama genötigt. Schillers Helden würden ja nicht durch höchsteigene Aktionen, sondern ausschließlich durch „äußere historische Konstellationen bestimmt." Und da innerhalb ihrer Dramengebilde Schillers Handlungspersonen entgegen denen Shakespeares nicht über „Einheit und Ganzheit" verfügen, „kollidieren bei Schiller nicht die Charaktere, sondern die Gesichtspunkte." Deshalb: „Ich glaube, wer die wahre historische Tragödie kultivieren will, muß von Schiller wieder zu Shakespeare zurückkehren." Wobei es „schlechterdings unmöglich ist, in Schillerscher Sprache eine Shakespearsche Komposition auszuführen." Ludwig attestiert Schiller „Eintönigkeit in seinen idealen Charakteren", andererseits „Wärme im Handlungsverlauf, die freilich nicht aus dessen Personen, sondern „aus ihm selber hervorgehe." Er schildere „weniger die Leidenschaft als leidenschaftlich." Freilich muss dann Ludwig zugestehen, dass anlässlich seiner Lektüre Shakespearescher Tragödien "beim ruhigen Lesen die einzelnen Reden kühl erscheinen gegen die Reden in einem Drama Schillers." Innerhalb des dramatischen Gesamtœuvres von Schiller differenziert freilich Ludwig wie schon vor ihm zeitweilig Ludwig Tieck. Den jugendlichen Prosastücken gibt auch er den Vorzug vor den späteren Jambenhistorien.

„Ich halte die Räuber den Problemen und der Komposition nach für die Tragödie Schillers, die dem Ideale der Tragödie am nächsten kommt.[2]

Kabale und Liebe sei „die beste Komposition Schillers, was die Zusammendrängung des Stoffes in eine abgerundete Fabel betrifft. – Dramatische und theatralische Vorzüge, eine so energisch wie rasch fortschreitende, immer spannende Handlung."

Kein uneingeschränktes Lob für den Don Carlos. Als „Intrigenstück dramatisch–theatralisch bedeutend über dem Wallenstein stehend. – Schiller steht in diesem Stücke, was die Behandlungsweise betrifft, Shakespeare näher. – Hier sind die Personen noch wie bei Shakespeare Täter ihrer Taten, nicht bloß Vollzieher. – Die Malerei der Leidenschaft, der Seelenzustände, das psychologisch–Patholoigsche, das Steigen und Zurücksinken, selbst das Charakteristische steht hier weit über dem im Wallenstein." Andererseits: „Posa handelt verkehrt, wenn wirklich Carlos oder die Provinzen sein Zweck sind. Hat er es aber auf die

Bewunderung des deutschen Parterres abgesehen, so zeugt der Erfolg für die Zweckmäßigkeit seines Handelns."

War Schiller anlässlich der tiefgreifenden Überarbeitung seines Don-Carlos-Vorwurfes in Dresden-Loschwitz sprachformmäßig von der Prosa zum Blankvers hinübergewechselt, so behielt er denselben danach in Jena und Weimar bei. Sicherlich steigerte dieser Wechsel nicht – jedenfalls nicht vorrangig – Otto Ludwigs Vorbehalte gegen Schillers ferneres dramatisches Schaffen, doch es fällt auf, dass dasselbe bei ihm hinfort auf zunehmende Kritik stieß. Vornehmlich richtete sich diese gegen die Tragödien *Maria Stuart* und *Wallenstein*: „Schicksal und Charakter deckten sich nicht mehr, weil die Schuld keine wahre mehr war, keine innere, sondern eine entweder außerhalb des Stückes und seines Stoffes liegende (Maria) oder eine dem Helden durch die Verhältnisse aufgezwungene (Wallenstein). So mußte nun auch das Schicksal ein äußerliches werden."

Eine Tragik vermochte Ludwig in der *Maria Stuart* schon gar nicht zu erkennen. „Bei Schiller verschwinden die einzelnen Menschen vor den historischen Mächten, sind lediglich deren Schachfiguren." Und die „ganze Intrige von Mortimer und Leicester sei bloß deshalb vorhanden", um fünf Akte mit Affekten anzureichern. Sie „ist zu breit behandelt, sie beeinträchtigt die Hauptsache." Gleich „der erste Akt ist ein rednerisches Kunstwerk. – Ein völliger Mangel an dramatischer Unmittelbarkeit. Den Leuten ist mehr darum zu tun, ihre Redekunst zu zeigen, als dem Dichter, uns Menschen zu zeigen. – Der Reichtum der Handlung ist nirgends zu einer Einheit gebunden, daß ein Eindruck möglich wäre. Eine Menge kleiner Eindrücke, einer zerstört den anderen. Der Haupteindruck ist, daß der Dichter der Tragödie ein geistvoller, einer der größten Künstler der Rede ist, solange die Erde besteht."

Das Allerschlimmste jedoch: „Maria Stuart steht ganz außerhalb des eigentlichen Kampfes. Sie ist nicht Subjekt, sondern Objekt. Nicht Kämpferin, sondern Gegenstand des Kampfes. – Ihr Charakter ist das Schwächste im ganzen Stücke. – Ja, die wäre die einzige Person, die ohne Beschädigung des Ganzen wegbleiben könnte." – Zumindest ließe sich „ganz gut von da an, wo Maria erfährt, daß ihr Urteil gefällt sei, alles streichen, ohne daß etwas Wesentliches fehlte."

Denn die wahren „Helden dieses Stückes sind der protestantisch-englische und der katholische Standpunkt. – Das ganze Stück spielt zwischen der

Fälschung und der Vollstreckung des Todesurteils. – Es geschieht im ganzen Stücke nichts, was die Katastrophe verursachte, denn das Todesurteil ist ja bereits vor dem Stücke gefällt. Und wenn Elisabeth mit der Vollstreckung zögert, so ist das bloße Heuchelei. – Auch ohne Beleidigung der Elisabeth müßte Maria sterben; ein anderes Betragen konnte sie nicht retten. – Das ganze Stück hat zum Gehalt: die Erörterung der Gründe für und gegen den Tod der Maria, sowohl die rechtlichen als auch die staatsklugen." Schon deshalb sei Maria „nicht die eigentliche Heldin des Dramas; sondern ihre Rettung ist das epische Objekt eines epischen Kampfes. – Sie leidet ohne Schuld; Das Schicksal ist Zufall."

Noch entschiedener, „unversöhnlicher" wandte sic Otto Ludwigs gegen Schillers *Wallenstein*.

Diesen Titelhelden beurteilte er im Vergleich zu Shakespeares *Macbeth*: „Schiller hat seinen Wallenstein zur Phrase gemacht, der keine Wahrheit innewohnt. – Mit dessen Unentschlossenheit und unmännlicher Schwäche, die er durch die heterogene Mischung erhält, in der ein Agens immer das andere aufhebt. – Immer der schwache Charakter, der jedesmal das ist, wozu ihn die Situation macht, der nie selbst die Situation macht. Je mehr in das Stück hinein, je mehr fällt der Charakter. – Selbst Hamlet ist ein Wunder an Bestimmtheit gegen diesen Wallenstein. – Sein Leiden hat nichts von einem Helden, dessen Schmerz die Quelle männlicher Taten wird; es ist die resignierte eines Weibes. Und zuletzt mit all seiner Gemütlichkeit ein Verbrecher aus Schwäche, der die Verzweiflung für den Mut einstehen läßt, den er nicht hat. Wir wissen nie, wie wir mit ihm dran sind. – In allem ist er das Gegenteil von dem, für was er selbst sich hält. Er hält sich für kühn umgreifend und ist doch bloß zu kleinen Ränken fähig, nicht zu einer entschiedenen Tat. Er hält sich allen überlegen und ist der Spielball Aller. – Schillers Zungenheld, wie das deutsche Publikum sie gerne hat, spricht Dinge, die meist wundervoll schön sind, wenn man sie sich von Schiller selbst gesprochen denkt. Das Meiste davon ist aber in Wallensteins Munde unwahr wie die ganze Gestalt. – Ein sentimentaler Wallenstein ist gar kein Wallenstein mehr", Schiller verleiht ihm lediglich „einen blendenden Anschein von Kraft. – Ich kenne keine poetische, namentlich keine dramatische Gestalt, die so unwahr wäre wie Schillers Wallenstein." Kein Wunder, wenn das auf die Mitbeteiligten abfärbt: „Keine Figur hat den Mut, auf sich selbst zu stehen. – Alle entschuldigen sich, sowie sie etwas unternehmen wollen, bei dem sentimentalen Publikum. – Das Schwächste ist die Charakteristik. – Eigentliches inneres individuelles Leben ist nicht vorhanden. Und wo es doch da, ist es nicht wahr; denn die Situation macht alles. – Wallenstein hat keinen Kern. – Das Ganze bleibt eine Apotheose der Schwächlichkeit."

„Die sich liebenden Kinder feindlicher Väter: Episode ohne Notwendigkeit für das Ganze. – Über das Gerüst der Komposition ist die Diktion wie ein weiter Prachtmantel mit Falten und unzähligen Pretiosen gebreitet, sodaß man die Schwächen derselben nicht gleich sehen kann."

Apropos Komposition: „Das wäre der Gipfel der dramatischen Technik, wenn ein Dichter seines Stoffes so wenig Herr wird, daß er elf Akte erfordert und zwei Theaterabende einnimmt? Schillers Wallenstein wäre ein Mensch von ungeheurer Willenskraft? Der in zehn Akten nicht zu einem eigenen Entschlusse kommen kann und durch die Macht der Umstände sich in die Richtung stoßen läßt, die er aus eigener Willenskraft nicht einschlagen kann?" – Seine textmäßige Weitschweifigkeit hat in einem Anflug von Selbsterkenntnis Schiller selbst im Brief vom 1.12.1797 an Goethe eingeräumt: „Es ist mir fast zu arg, wie der Wallenstein mir anschwillt, besonders jetzt, da die Jamben ,obgleich sie den Ausdruck verkürzen, eine poetische Gemütlichkeit unterhalten, die einen ins Breite treibt."

Sicherlich fehlte dem genialen Aktstrategen Schiller das Gespür für die rechte Zuordnung von Dichter und Schauspieler. Immer wieder bricht bei ihm, der in seiner Jugend Prediger werden wollte und im Mannesalter Universitätsprofessor wurde, der Drang zum glühenden, hinreißenden Bekennenwollen durch. Der am liebsten die Bühnenbretter zur Kanzel, zum Lehrkatheder machen möchte. Man wird Ludwig schwerlich widersprechen können, wenn er konstatiert: „Unsere großen Weimarer Dichter hatten sich eine andere Aufgabe gestellt als die dramatische; das Drama war ihnen nur Mittel, und es hat dafür büßen müssen." Und dennoch zünden die Worte und Appelle der Ideenträger oben auf der Bühnen unten in den Reihen des Publikums: Posas Beschwörung der Menschenrechte, Jeanne d'Arcs Ruf zum Sieg über die eingedrungenen Feinde, der Schrei aus der Knechtschaft nach Befreiung eines ganzen Volkes wie im „Tell". Auch hier wird die Szene zum Tribunal. Mitunter zitatgerecht. Hof- und Staatsschauspieler Shakespeare contra Pfarrer oder Professor Schiller? Hat Otto Ludwig in seiner Erwählung des Ersteren in allen strittigen Punkten Recht? In dem Anderen musste er immerhin den „Meister der gespanntesten und geschlossensten Handlungsabläufe" anerkennen. Und als müßte er sich vor dem deutschen

Theaterpublikum entschuldigen: „Habe ich Manches nicht gebilligt, was der Nation heilig geworden ist, so kann ich mich nur mit der Gewissenhaftigkeit meines Strebens rechtfertigen."

Schillers Gestalt erschien Otto Ludwig ungeachtet aller Kritik so beherrschend, dass andere deutsche Dramatiker gleichsam verdrängt wurden.

Ein Bühnenerfolg Heinrich von Kleists scheitere zumindest partiell daran, dass er „alles auf die Spitze treibe, nicht Maß zu halten weiß. – Daß er seine Probleme mehr mit und für den Verstand einrichtet." Vor allem: „Wie er selbst Verstand sein und Leidenschaft darstellen sollte wie Shakespeare, ist er Leidenschaft und stellt Verstand dar." Da darf wohl nachgefragt werden, was Ludwig von Kleist überhaupt gelesen hat. Lesen konnte. Denn trotz Tiecks umfassenden und noblen Einsatzes blieb Kleist selbst im eigenen Vaterlande ein nahezu Unbekannter und wurde erst nach Ludwigs Tod so richtig wiederentdeckt.

Friedrich Hebbel, den Eduard Mörike als „einen Glutmenschen durch und durch" bezeichnete, gebe nach Ludwigs Ansicht „seinen Personen gern von seiner Kälte". Sein Bühnenstück *Maria Magdalena*, zwar „in mancher Hinsicht sehr lobenswert, leidet daran, daß die Kälte des rechnenden Dichters, dem die Persönlichkeiten nur Zahlen waren, auf seine Personen überging. – Der Dichter schließe menschlich mit dem Todesurteile; damit ist das Reich des Tragischen aus. – Der Dichter ist aber der Richter, nicht der Henker. – Die vergeblichen Windungen und Krümmungen des Opfers – der Titelheldin – sind nicht mehr tragisch, sondern gräßlich. Sie passen nicht für die edelste Gattung der Poesie, sondern für die Leierorgel der Bänkelsänger. – Nicht mehr die verschiedenen Naturen, sondern die verschiedenen Denkarten werden im Konflikt zusammengebracht." In Hebbels Tragödie *Julia* bemängelt Ludwig, dass das Epische das Dramatische dominiere. „Die Charaktere – Tag und Nacht in ihrer vollen Wappenzier – exponieren sich mehr durch Erzählung als durch Handlung. – Bei Hebbel wie bei Richard Wagner leidet der dramatische Fluß unter der Absicht, in jedem Wort bedeutend sein zu wollen." Die Agnes Bernauerin seines Sujetkonkurrenten sei „das Stück, welches unter allen Hebbelschen den schwächlichsten Eindruck auf mich gemacht hat. – Einige finden das Stück wenigstens technisch lobenswert, als ein effektvolles Theaterstück. Ich nicht. – Seine Personen sprechen nur, um ihre dialektische Kunst zu zeigen." Überhaupt: „Die Hebbelschen Stücke kommen mir immer nur vor wie der rohe Stoff zu einem

Kunstwerk, nicht wie ein solches selbst." Doch an anderer Stelle lobt er Hebbel, weil er als höchste an einen dramatischen Dichter zu richtende Forderung bezeichnet habe: „Ob er wahrhaft gestaltet hat. Muß er mit Nein antworten, so wird er zum Tode verurteilt." Ironie: damit hat sich Otto Ludwig das eigene Todesurteil gesprochen. Denn er hat während der Kernzeit seiner *Dramatischen Studien* nach den *Makkabäern* offenbar werden lassen, dass er zu keiner der von ihm anvisierten Bühnendramengestaltungen mehr imstande war.

Sind dafür tief in seinem Charakter verankerte Inkonsequenzimpulse anzuschuldigen? „Mein Hauptfehler war, daß ich Stoffe zur Tragödie aus dem Kleinleben nahm. Dieses sagt in seiner Beschränkung und Kleinlichkeit höchstens der eigentlichen Idylle zu." Diese Aussage widerlegen die eigenen Makkabäer, und nicht nur sie. An anderer Stelle bekennt er: „Als Idealist habe ich angefangen, dann schlug ich aus Ungenügen in den Realismus um und trieb diesen, soweit es möglich ist. Nun muß ich beide Einseitigkeiten zusammenzufassen suchen, was ja der Zweck meiner künstlerischen Selbsterziehung war." Scheiterte er bereits an der Verschwommenheit der eigenen Ausgangsposition? Trennschärfe zwischen Idealismus, Realismus und Poetischem Realismus ist bei ihm nicht anzutreffen. Klare Zielsetzung am konkreten Sujet erst recht nicht. An Shakespeare rühmt er die Leidenschaften dessen tragödialer Handlungsträger; er selbst in einem Brief: „Die höchste Vollkommenheit, zu der wir Menschen es bringen können, ist die Leidenschaftslosigkeit." In seiner eigenen tief und leidenschaftlichen Veranlagung war er der Theaterbühne verfallen und all dem, was sich auf ihr zutraut. Doch in tragischer Verblendung wollte er gleichzeitig nicht wahrhaben, dass seine genialen Fähigkeiten im epischen Bereich lagen. Seine Meisternovellen, die auch heute noch seinen Namen wach halten, mochte er – etwas übertrieben formuliert – nur als bessere Gelegenheitsarbeiten betrachtet haben, die man sich eben so aus dem Ärmel schüttelt. Das jedoch, was er mit allen Kräften seines Geistes, ja, mit allen Fasern seines Herzens erstrebte, herbeisehnte, das blieb ihm versagt, trotz so vieler intensiver Jahre verschlossen: aus Shakespeares Tragödien das Rezept herauszudestillieren, um mit dessen Nutzanwendung eigene Bühnenstücke auf abgesicherter, höchster Qualitätsstufe zu produzieren. Die ihm wohlwollenden Gustav Freytag und Heinrich von Treitschke unterschieden bereits zu ihrer Zeit klar zwischen dem Großmeister der Personencharakterisierung und dem Versager bei der Hochführung des dramatischen Gerüstes. Ein bildhauerisches Genie in Schmuckdekorationen und Ornamenten an den Außenwänden eines splendiden Baues vermag deshalb noch lange nicht dessen geniale Architektur zu ersetzen. Otto Ludwig war viel zu selbstkritisch, zu hellwach, um gegen Ende seines Lebens nicht zu begreifen, dass er, was seinen Herzenswunsch anlangte – vollkommen gescheitert war.

Postmortal mag es für ihn ein schwacher Trost sein, was uns Späteren zur Gewissheit geworden: Seine dramatischen Studien, insbesondere sein kongeniales Eindringen in die Mysterien von Shakespeares Bühnenschaffen, sind und bleiben bis heute unübertroffene Meisterleistungen kritischer Sicht- und Sinnerschließung, Dokumentationen nachschöpferischer Entschlüsselung und damit wahre Perlen der Weltliteratur.

www.ingramcontent.com/pod-product-compliance
Lightning Source LLC
Chambersburg PA
CBHW020127010526
44115CB00008B/1013